Elogios para

Elimina la prisa de t

"Como alguien que está muy familiarizado con la *enfermedad de la prisa*, necesitaba desesperadamente este libro".

Scott Harrison, autor del éxito de ventas del *New York Times*, *Thirst* [Sed].

"John Mark Comer es un líder, orador y escritor muy talentoso. Aquí encontrarás muchos consejos sabios".

Nicky Gumbel, sacerdote de la iglesia Holy Trinity Brompton, Londres.

"Necesario. Liberador".

Annie F. Downs, autora del éxito de ventas *Valentía en solo 100 días*.

"La transparencia de John Mark Comer nos invita a repensar la forma en que vivimos nuestra vida, al ir directo al punto: Si no erradicamos nuestra hiperactividad, simplemente eliminaremos nuestras almas. *Elimina la prisa de tu vida* te inspirará a tomar las difíciles pero prácticas decisiones que cambiarán por completo tu camino para bien".

Gabe Lyons, presidente de Q Ideas.

"Vivir como un seguidor de Jesús, sano espiritual y mentalmente, en nuestra cultura tecnológica y dirigida por una agenda, resulta ser bastante difícil. En este libro, John Mark Comer comparte un llamado práctico, personal y desafiante a imaginar nuevas formas en que nuestras vidas pueden imitar la de Jesús".

Tim Mackie, cofundador de Bible Project.

John Mark Comer

Elimina la ~~prisa~~ de tu vida

Prólogo por John Ortberg

ORIGEN

Título original: *The Ruthless Elimination of Hurry*
Primera edición: octubre de 2021

Esta edición es publicada bajo acuerdo con
This translation published by arrangement with WaterBrook,
an imprint of Random House, a division of Penguin Random House LLC
Published in association with Yates & Yates, www.yates2.com

© 2019, John Mark Comer
© 2024, Penguin Random House Grupo Editorial USA, LLC
8950 SW 74th Court, Suite 2010
Miami, FL 33156

Traducción: María José Hoft

Impreso en Colombia / *Printed in Colombia*

ISBN: 978-1-64473-411-7

ORIGEN es una marca registrada de Penguin Random House Grupo Editorial

24 25 26 27 28   10 9 8 7 6 5 4 3

Para Dallas Willard, gracias.

ÍNDICE

"Vengan a mí todos ustedes que están cansados y agobiados, y yo les daré descanso. Carguen con mi yugo y aprendan de mí, pues yo soy apacible y humilde de corazón, y encontrarán descanso para su alma. Porque mi yugo es suave y mi carga es liviana".

Jesús en
Mateo 11: 28-30

Prólogo

El mejor hombre y el más inteligente que he conocido, Dallas Willard, escribió algunos pensamientos acerca de la prisa. Creo que los pegaron en su cocina cuando falleció. Él escribió: "La prisa supone extrema rapidez o un estado de urgencia. Está palabra está relacionada [por la similitud de su escritura en idioma inglés] con otras palabras como lanzamiento, obstáculo, bullicio y huracán". Él, además, la definió como un "estado de esfuerzo desenfrenado en el que uno cae en respuesta a la incapacidad, el miedo y la culpa". ¡La esencia de la prisa es tener *demasiado por hacer*! Lo bueno de liberarnos de la prisa no es simplemente el placer, sino la capacidad de hacerlo con calma y efectividad, con fortaleza y alegría. Eso es lo que realmente importa. También escribió: "Debemos tener como objetivo vivir la vida sin ningún apuro. Debemos elaborar una intención clara de vivir sin prisa. Un día a la vez. Comienza hoy".

Es importante formarnos una imagen mental de cuál era nuestro lugar en el mundo antes de Dios. Esto nos ubica en un contexto distinto. El Salmo 23 no dice: "El Señor es mi pastor, por lo tanto debo ir más rápido". Los pastores no suelen correr. Al menos, no los buenos pastores. Willard nos alentó a eliminar las cosas que "tenemos" que hacer, nos dijo que es importante no tener miedo a "hacer nada", nos enseñó que los momentos de "hacer nada" deberían planificarse, que es importante aprender a lidiar con el pánico de no estar ocupados, que deberíamos permitirnos sentir ese pánico y no intentar repararlo.

John Mark Comer, por su parte, ha escrito una palabra profética para nuestros días. Él es un hombre comprometido, honesto, sabio, divertido y humilde que nos guía hacia una gran encrucijada. Elegir vivir una vida sin prisas en nuestros tiempos, es algo así como hacer un voto de pobreza en los primeros siglos: Es aterrador. Es un acto de fe. Sin embargo, del otro lado nos esperan riquezas mayores. Estar donde la prisa "ha abandonado el edificio" (como Elvis), es estar en presencia de una persona que nos inspira con la posibilidad de tener otro tipo de vida.

He quedado impresionado con los regalos de sabiduría que se encuentran a lo largo de este libro. Comer nos dice que sus peores momentos son cuando tiene apremio; que el amor, el gozo y la paz son incompatibles con la prisa; que el usuario promedio de iPhone toca su teléfono 2617 veces *al día*". En contraste, el salmista dijo: "Siempre tengo presente al Señor" [Salmos 16:8]. ¿Cómo sería mi vida si Dios tocara mi mente con la misma frecuencia con la que yo toco mi teléfono? Tal vez, la libertad nunca llegue sin antes pagar un gran precio. John Mark es alguien que ha tomado decisiones que implicaban pagar un precio para alcanzar la vida que no se puede comprar. Él conoce tanto las dificultades como la decisión, por eso puede hablarnos a quienes estamos hambrientos y sedientos.

Hace veinte siglos otro hombre sabio dijo: "[Vivan] aprovechando al máximo cada momento oportuno, porque los días son malos" (Efesios 5:16). Yo solía pensar que eso significaba que los días estaban llenos de tentaciones sexuales y carnales. Y, por supuesto, es así. Pero creo que quiere decir más que nada que la vida debe vivirse en el momento. Estamos tan acostumbrados a los días mediocres espiritualmente, vivimos tan irritados, temerosos, egoístas e histéricos, que desperdiciamos nuestra vida teniendo prisa.

Por eso, en estas páginas está la Gran Invitación. Respira hondo. Haz a un lado tu teléfono móvil. Deja que tu corazón se desacelere. Permite que Dios se encargue de tu mundo.

John Ortberg

Prefacio: Autobiografía de una epidemia

Es domingo por la noche. Son las 10 p. m. Apoyo mi cabeza contra el vidrio de un Uber, demasiado cansado como para siquiera sentarme erguido. He predicado seis veces hoy. Sí, *seis*. La iglesia que pastoreo acaba de agregar otra reunión. Eso es lo que haces, ¿no? ¿Hacer lugar para la gente? Lo hice bien hasta la cuarta charla, no recuerdo nada después de eso. Estoy más que cansado, emocional, mental y hasta espiritualmente.

La primera vez que hicimos seis encuentros, llamé al pastor de una mega iglesia en California que venían realizando seis servicios desde hacía un tiempo.

—¿Cómo lo haces? —le pregunté.

—Fácil —me dijo—. Es como correr una maratón una vez a la semana.

—De acuerdo, gracias.

Clic.

Espera... ¿Una maratón no es muy difícil?

Yo corro carreras de larga distancia.

Este pastor con el que hablé tiene un amorío y abandona la iglesia.

Eso no es muy prometedor para mi futuro.

Ya estoy en casa, cenando tarde. No puedo dormir, tengo ese sentimiento de estar agotado pero acelerado. Destapo una cerveza. Me tiro en el sofá a ver una película de kung-fu que nadie conoce. En chino, con subtítulos. Keanu Reeves es el malo. Me encanta Keanu.[1] Suspiro. Últimamente, la mayoría de mis noches terminan así, en el sofá, mucho después de que la familia se vaya a dormir. Nunca antes me interesó el kung-fu. Me pone nervioso. ¿Acaso este es el anuncio de que una enfermedad mental se asoma por el horizonte?

"Todo comenzó cuando se obsesionó con películas de artes marciales..."

Pero la cuestión es que me siento un fantasma. Mitad vivo, mitad muerto. Más adormecido que otra cosa, chato, unidimensional. Vivo con una corriente constante de ansiedad que casi nunca desaparece y un tinte de tristeza, pero, sobre todo, me siento espiritualmente vacío. Es como si mi alma estuviese hueca.

Mi vida es muy rápida. Me gusta que sea rápida. Tengo una personalidad de tipo A. Soy alguien motivado. Un tipo al que le gusta hacer las cosas y sacárselas de encima. Pero ahora ya me supera. Trabajo seis días a la semana, desde temprano hasta tarde y, *aun así*, no hay tiempo suficiente para poder hacer todo. Peor aún, siento como si viviera apurado. Como si estuviese atravesando cada día, tan ocupado con la vida, que me pierdo los momentos. Y, ¿qué es la vida sino una serie de momentos?

¿A alguien más le pasa? No puedo ser el único...

Lunes por la mañana. Me levanto temprano. Me apresuro para llegar a la oficina. Siempre con prisa. Otro día de reuniones. Odio las reuniones. Soy introvertido y creativo y, como la mayoría de los *millennials*, me aburro muy fácilmente. Que yo participe de muchas reuniones es una idea terrible para los involucrados. Pero nuestra iglesia creció muy rápido y eso es parte del problema. Dudo en decir esto porque, créeme, es hasta incómodo: sumamos más de mil personas al año durante siete años seguidos. Creí que esto era lo que yo quería. Una iglesia de rápido crecimiento es el sueño de todo pastor. Pero algunas lecciones se aprenden mejor de la forma difícil. Resulta que, en realidad, no quiero ser el director ejecutivo de una ONG, el experto en recursos humanos, el gurú de la estrategia, el líder de líderes de líderes, etc.

Me metí en esto para enseñar el camino de Jesús.

¿Es e*ste* el camino de Jesús?

Hablando de Jesús, tengo este pensamiento aterrador acechando en el fondo de mi mente. Es una pregunta constante en mi conciencia que no desaparece.

¿En quién me estoy convirtiendo?

Acabo de cumplir treinta (¡nivel tres!), así que tengo un poco de experiencia. Lo suficiente como para marcar un trayecto que forme el arco argumental de mi vida unas décadas por delante.

Me detengo.

Respiro.

Me veo a mí mismo a los cuarenta. A los cincuenta. A los sesenta.

No es nada lindo.

Veo a un hombre que es "exitoso", pero por los parámetros equivocados: el tamaño de la iglesia, la venta de libros, las invitaciones a predicar, las estadísticas sociales, etc. Ahora se suma el nuevo sueño americano: una página propia en Wikipedia. A pesar de todas mis charlas acerca de Jesús, veo a un hombre que no está sano emocionalmente y es superficial espiritualmente. Aún sigo casado, pero por deber, no por placer. Mis hijos no quieren saber nada de la iglesia. Ella era la amante elegida por papá, una amante ilícita a la que corrí para esconderme del dolor de mis heridas. Básicamente, soy el mismo pero más grande y peor: estresado, nervioso, listo para herir a las personas que más amo, infeliz, predicando una forma de vida que suena mejor de lo que realmente es.

Ah, y siempre con *prisa*.

¿Por qué tengo tanto apuro por convertirme en alguien que ni siquiera me agrada?

Eso me impactó como un tren de carga. En Estados Unidos puedes ser un éxito como pastor y un fracaso como discípulo de Jesús. Puedes ganar una iglesia y perder tu alma.

No quiero que esta sea mi vida...

Tres meses después estoy volando a casa desde Londres. Estuve una semana aprendiendo de mis amigos anglicanos carismáticos acerca de la vida en el Espíritu. Es como si fuese otra dimensión distinta a la realidad que he estado ignorando. Pero con cada milla hacia el este, vuelo de regreso a una vida que temo.

La noche antes de partir un hombre llamado Ken oró por mí con su elegante acento inglés. Él me dio una palabra acerca de que iba a llegar a una encrucijada. Un camino estaba pavimentado y llevaba a una ciudad con luces. El otro era un camino de tierra en una selva que llevaba a la oscuridad, a lo desconocido. Debo tomar el camino sin pavimentar.

No tengo idea de lo que esto significa, pero sé que significa *algo*. Mientras él lo decía, sentí que mi alma temblaba frente a Dios. Pero ¿qué me está diciendo Dios?

Aprovecho para ponerme al día con el correo electrónico. Los vuelos son buenos para eso. Estoy atrasado, como de costumbre. Malas noticias otra vez, algunos del equipo están molestos conmigo. Estoy comenzando a replantearme todo esto de la megaiglesia.[2] ¿De veras esto es todo? ¿Un montón de gente que viene a escuchar una charla y luego vuelve a su vida sobrecargada? Pero mis preguntas surgen de forma molesta y arrogante. No estoy bien emocionalmente, solo estoy derramando desechos químicos sobre nuestro pobre equipo.

¿Qué significa ese axioma de liderazgo?

"Según van los líderes, también va la iglesia".[3]

Diablos, solo espero que nuestra iglesia no termine como yo.

Estoy sentado solo en el asiento 21C, preguntándome cómo responder otro mensaje, estresante y se me viene a la cabeza un pensamiento. Tal vez sea la atmosfera delgada de los treinta mil pies de altura, pero no lo creo. Este pensamiento ha intentado aparecer durante meses, o hasta años, pero no le he dado lugar. Es demasiado peligroso. Es una gran amenaza al *status quo*. Pero ha llegado el momento de liberarlo, así que démosle rienda suelta.

Aquí va: ¿Y si cambio mi vida?

Otros tres meses después, con mil conversaciones difíciles, arrastrando a cada pastor, mentor, amigo y familiar hacia el centro de la decisión más importante que tomé en mi vida, me encuentro sentado en una reunión de ancianos. La cena ya terminó. Estoy solo con nuestros líderes principales. Este es el momento. De aquí en más, mi autobiografía será un "antes" y un "después".

Lo digo: "Renuncio".

Bueno, no renunciar en sí. No me estoy retirando. Somos una iglesia con varias locaciones. (Como si una sola iglesia no fuese más que suficiente para que un tipo como yo la lidere). Nuestra iglesia más grande está en los suburbios. He pasado los últimos diez años de mi vida allí, pero mi corazón siempre está en la ciudad. Si me remonto a la secundaria, recuerdo que conducía mi furgoneta Volkswagen modelo 1977 ida y vuelta por la calle 33 y soñaba con plantar una iglesia en el centro de la ciudad.[4] Nuestra iglesia en la ciudad es más pequeña, mucho más pequeña. El terreno es más difícil. El sector urbano de Portland es un paraíso laico, mientras que aquí todas las cartas están en tu contra. Pero allí es donde siento que la gravedad del Espíritu me pesa y me hace tocar el suelo.

Entonces, no voy a renunciar, sino más bien a encogerme. Quiero liderar una iglesia a la vez. Algo nuevo, ¿verdad? Mi sueño es desacelerar, simplificar mi vida pero permaneciendo. Caminar al trabajo. Digo que quiero reestablecer los parámetros del éxito. Quiero enfocarme más en aquellos a quienes estoy convirtiendo en discípulos de Jesús. ¿Puedo hacerlo?

Dicen que sí.

(Probablemente estén pensando: "¡Al fin!").

La gente hablará, siempre lo hace. "No pudo manejarlo" (verdadero). "No era tan inteligente" (falso). "No era tan fuerte" (de acuerdo, bastante verdadero). O, esta es una que tendré por meses: "Le está dando la espalda al llamado de Dios en su vida". "Está desperdiciando su don en la oscuridad". Adiós.

Déjalos que hablen; yo tengo nuevos parámetros ahora.

Termino mi carrera de diez años en la iglesia. Mi familia y yo nos tomamos un año sabático. Es un gran acto de gracia. Durante la primera mitad estoy en estado de coma, pero de a poco comienzo a despertar mi alma. Regreso a una iglesia mucho más pequeña. Nos mudamos a la ciudad. Voy caminando al trabajo. Comienzo una terapia. Una palabra: ¡Guau! Resulta que la necesito mucho. Me enfoco en mi salud emocional. Trabajo menos horas. Tengo citas con mi esposa. Juego con los bloques de *La guerra de las galaxias* con mis hijos. (Es por ellos, de veras). Practico el *sabbat*. Me desintoxico de Netflix. Comienzo a leer ficción por primera vez desde que iba a la secundaria. Saco a pasear al perro antes de acostarme. Ya sabes, *vivir*.

Suena genial, ¿cierto? Hasta utópico. Apenas. Me siento más como un adicto que dejó las drogas. ¿Quién soy sin la megaglesia? ¿Dónde está la fila de gente que quiere reunirse conmigo? ¿Y la avalancha de correos nocturnos? No es fácil escapar de una vida acelerada. Pero, con el tiempo, logro desintoxicarme. Siento que mi alma se expande. No hay fuegos artificiales en el cielo. El cambio es lento, gradual e intermitente: tres pasos hacia adelante, uno o dos para atrás. Algunos días lo logro; otros, recaigo y me acelero. Pero, por primera vez en años, voy camino hacia la madurez, poco a poco. Me estoy volviendo más como Jesús. Me estoy acercando más a mi mejor versión.

Lo mejor es que siento a Dios nuevamente.

Siento mi propia alma.

Estoy andando por el camino sin pavimentar, sin tener idea de hacia dónde va, pero está bien. Honestamente, valoro más la persona en la que me estoy convirtiendo que el lugar en el que terminaré. Y, por primera vez en años, estoy sonriendo al horizonte.

Ese camino a casa en Uber para ver una maratón de Keanu Reeves fue hace cinco años y varias vidas atrás. Ha cambiado tanto desde entonces. Este pequeño libro nació de mi corta biografía, casi sin acontecimientos; de mi camino desde una vida acelerada a una vida, bueno..., de algo más.

De cierta manera, soy la peor persona para escribir acerca de la prisa. Soy el que en el semáforo se cambia hacia el carril que tiene dos coches en lugar de tres; el que se jacta de ser "el primero en llegar a la oficina y el último en irse a casa"; el que camina rápido; el que habla rápido; el adicto a la velocidad que siempre realiza varias cosas a la vez (para aclarar, no soy *ese* tipo de adicto a la velocidad). O, al menos, ese era. Ya no lo soy. Encontré una vía de escape de esa vida. ¿O sea que, tal vez, soy la mejor persona para escribir un libro acerca de la prisa? Tú decides.

No conozco tu historia. Seguramente no eres el expastor de una megaiglesia que se desgastó y tuvo una crisis de mediana edad a los treinta y tres. Es más probable que seas un estudiante de la Universidad de San Diego o un ciudadano veinteañero de Chicago o una mamá a tiempo completo de Melbourne o un agente de seguros de mediana edad de Minnesota. Tal vez estés iniciándote en la vida o simplemente intentando seguir adelante.

El filósofo alemán nacido en Corea, Byung-Chul Han, concluyó su libro *La sociedad del cansancio* con una observación inquietante acerca de la mayoría de las personas del mundo occidental: "Estamos demasiado muertos como para vivir y somos demasiado vitales como para morir".[5]

Ese era yo.

¿Eres tú? ¿Tal vez un poquito?

Todos tenemos nuestra propia historia donde intentamos mantenernos sanos en la era de los iPhones, el wifi, el ciclo de noticias de veinticuatro horas, la urbanización, las autopistas de diez carriles con su tráfico torturador, el ruido constante y la vida frenética a noventa millas por hora que sigue, y sigue, *y sigue…*

Piensa en este libro como si fuese un encuentro entre tú y yo para tomar un café en Portland. Mi favorito es un buen keniano en la cafetería Heart en la calle 12. Ahí yo te descargo todo lo que he aprendido durante los últimos años acerca de cómo navegar las aguas engañosas de lo que el filósofo francés Gilles Lipovetsky llama el mundo "hipermoderno".[6]

Pero, honestamente, todo lo que tengo para ofrecerte, lo estoy robando de la vida y las enseñanzas de Jesús de Nazaret, mi rabí, y muchísimo más que eso.

Mi invitación favorita de Jesús está en el evangelio de Mateo:

"Vengan a mí todos ustedes que están cansados y agobiados, y yo les daré descanso. Carguen con mi yugo y aprendan de mí, pues yo soy apacible y humilde de corazón, y encontrarán descanso para su alma. Porque mi yugo es suave y mi carga es liviana".[7]

¿Te sientes cansado?

¿Tal vez agobiado?

¿Sientes un agotamiento bien profundo no solo en tu mente o en tu cuerpo sino también en tu alma?

Si es así, no estás solo.

Jesús nos invita a todos a cargar el yugo "suave". Él tiene, para ofrecernos a todos, una manera fácil de cargar el peso de la vida con su triunvirato de amor, gozo y paz. En la Biblia *The Message* (MSG), Eugene Peterson traduce las icónicas palabras de Jesús como una forma de "vivir libre y liviano".[8]

¿Y si el secreto para una vida feliz (porque es un secreto, un secreto a voces, pero secreto al fin; si no, ¿cómo es que algunas personas lo saben?) no está "allí afuera" sino mucho más cerca de casa? ¿Y si lo único que tienes que hacer es desacelerar lo suficiente como para que el carrusel borroso de la vida se vuelva más nítido?

¿Y si el secreto para la vida que anhelamos en realidad es fácil?

Ahora, déjame aclarar algunas cosas antes de comenzar:

Primero, yo no soy tú. Aunque parezca algo obvio, debo decírtelo. Supongo que este manifiesto en contra de la prisa a algunos de ustedes les molestará. Al principio a mí me pasó. Expone ese dolor profundo que todos tenemos por desear una vida diferente a la que estamos viviendo. La tentación será tacharme de iluso o irracional:

No tiene idea de lo que es ser una madre soltera con dos trabajos, solo para poder saldar las deudas y pagar la renta cada semana.

Tienes razón. No lo sé.

Tristemente, no tiene ni idea de la vida de un ejecutivo en el darwinismo social del mercado.

Eso puede ser cierto.

Él no tiene idea de cómo es en mi ciudad/en mi país/en mi generación.

Puede que no.

Simplemente, te pido que me escuches.

En segundo lugar, yo no soy Jesús. Soy solo uno de sus tantos aprendices que ha estado en sus caminos desde hace un tiempo. Algo obvio, otra vez. Mi plan para este tiempo juntos es simple: compartir contigo algunas de las mejores cosas que he aprendido al sentarme a los pies del maestro. Un hombre cuyos amigos más cercanos decían que estaba más ungido con el aceite de gozo que cualquiera de sus compañeros. Mi traducción: él era el hombre más feliz sobre la tierra.[9]

La mayoría de nosotros ni siquiera *piensa* en buscar a Jesús para recibir un consejo para ser feliz. Para eso buscamos al Dalai Lama, o un lugar de meditación que esté cerca, o la clase de psicología positiva de Tal Ben-Shahar en Harvard. Todos ellos tienen cosas buenas para decir y me alegro por eso. Sin embargo, Jesús es único en su clase. Tenlo por encima de cualquier maestro, tradición o filosofía (religiosa o secular, antigua o moderna) desde Sócrates a Buda, Nietzsche, o el yogui de tu pódcast favorito. Para mí, Jesús sigue siendo el maestro más brillante y revelador que haya caminado en esta tierra y el que más nos lleva a reflexionar. Y Él caminó *despacio* (veremos más acerca de esto en un momento). Así que, en lugar de ajustarte el cinturón, ponte cómodo.

Dicho esto, finalmente, déjame ser directo: si quieres las cosas cada vez más rápidas, este libro no es para ti. De hecho, en realidad no tienes tiempo de leer un libro. Quizás solo hojeaste el primer capítulo. Entonces, será mejor que vuelvas a hacerlo.

Si quieres una solución rápida o una fórmula de tres pasos en un simple acrónimo, este libro tampoco es para ti. No existe una fórmula mágica para la vida. No hay truco para el alma. La vida es extraordinariamente compleja. Realizar un cambio es más complejo aún. El que te diga lo contrario, te está engañando.

Pero...

Si estás agobiado...

Si estás cansado de la vida como la conoces...

Si tienes una mínima sospecha de que debe haber una forma mejor de ser humano…

Si sientes que estás perdiendo el propósito…

Que los parámetros del éxito que tiene nuestra cultura están distorsionados…

Que ese "éxito" puede terminar pareciéndose mucho al fracaso…

Y, sobre todo, si ha llegado tu momento y estás listo para continuar en este viaje contradictorio y *muy* contracultural para explorar tu alma en la realidad del Reino, entonces, disfruta la lectura. Este libro no es largo ni difícil de entender, pero tenemos secretos que contar.

Primera parte

El problema

La prisa: el gran enemigo de la vida espiritual

La semana pasada almorcé con John, mi mentor. De acuerdo, ahí les va una confesión: en realidad, no es mi mentor. Eso estaría muy por encima de mis posibilidades, pero a veces almorzamos juntos y lo bombardeo con preguntas acerca de la vida, con el bloc de notas abierto. John es esa clase de persona que conoces e inmediatamente piensas: "Cuando sea grande quiero ser como él". Es increíblemente inteligente, pero además es sabio. Sin embargo, nunca se muestra ni siquiera un poco pretencioso o engreído. Por el contrario, es alegre, relajado, está cómodo consigo mismo, es muy exitoso (pero no en el sentido de ser una celebridad), es amable, curioso, y siempre se muestra capaz de estar presente contigo en el momento… Básicamente, es bastante parecido al Jesús que me imagino.[1]

John (de apellido Ortberg) es un pastor y escritor de California que ha sido tutelado por otro de mis héroes, Dallas Willard. Si no conoces ese nombre, de nada.[2] Willard fue un filósofo en la Universidad del Sur de California, pero es más conocido fuera del mundo académico como un maestro de los caminos de Jesús. Sus enseñanzas han moldeado mi manera de seguir a Jesús (o, como decía, ser discipulado por Jesús) más que las de cualquier otro maestro fuera de las Escrituras.[3] Todo esto es para decir que John fue discípulo de Willard por más de veinte años, hasta que este murió en 2013.

Nunca tuve la oportunidad de conocer a Willard, así que la primera vez que John y yo nos sentamos en la ciudad de Menlo Park, inmediatamente le pedí que me contara algunas anécdotas. Encontré oro.

Esta es una en la que no puedo dejar de pensar:

John lo llamó a Dallas para pedirle un consejo. Fue a finales de los noventa y, en ese momento, John trabajaba en la iglesia Willow Creek Community Church en Chicago, una de las iglesias más influyentes del mundo. John, reconocido maestro y autor de éxitos de ventas, es el tipo de hombre que te imaginas como un discípulo de Jesús *aquí abajo*. Pero detrás de escena, sentía que estaba atrapado en la vorágine de la locura de una megaiglesia.

Me sentí identificado.

Así que llamó a Willard y le preguntó: —¿Qué tengo que hacer para convertirme en la versión de mí que quiero ser?[4]

Hubo un largo silencio del otro lado de la línea…

Según John, "con Willard *siempre* hay un largo silencio del otro lado de la línea".

Y dijo: Debes eliminar la prisa de tu vida por completo.

¿Podemos detenernos un minuto y coincidir en que es *brillante*?

Gracias.

John garabateó esa frase en su diario. Tristemente esto fue antes de Twitter; de otra forma, hubiese explotado internet. Luego preguntó: De acuerdo, ¿qué más?

Willard:

—No hay nada más. La prisa es el mayor enemigo de la vida espiritual hoy en día. Debes eliminar la prisa de tu vida por completo.

Fin de la historia.[5]

Cuando oí esa historia por primera vez, sentí una profunda resonancia con la realidad. La prisa es la raíz del problema detrás de tantos síntomas de toxicidad que hay en nuestro mundo.

Sin embargo, la respuesta de Willard no es la que hubiese esperado. Vivo en una de las ciudades más profanas y progresistas de los Estados Unidos, pero si me preguntas cuál es el mayor desafío a mi vida espiritual en Portland, no sé qué respondería.

Seguramente diría que es la modernidad, la posmodernidad, la teología liberal, la popularización del evangelio de la prosperidad, la redefinición de la sexualidad y el matrimonio, la eliminación del género, la pornografía en internet, los millones de dudas que tiene la gente acerca de la violencia en el Antiguo Testamento, la caída de los pastores famosos o Donald Trump. No lo sé.

¿Cómo responderías tú a esa pregunta?

Apuesto a que muy pocos optaríamos por "la prisa" como nuestra respuesta. Sin embargo, la Biblia dice que Satanás no se muestra como un demonio con tridente y voz ronca de fumador, o como Will Ferrell en el programa *Saturday Night Live*, luciendo cuernos y portando una guitarra eléctrica entre fuego y humo. Él es mucho más inteligente de lo que creemos. Hoy estás mucho más propenso a correr hacia el enemigo en forma de una alerta en tu teléfono mientras lees la Biblia, de un atracón de Netflix durante varios días, de una adicción total a Instagram, de una mañana de sábado en la oficina, de otro partido de fútbol un domingo o de un compromiso tras otro en una vida muy acelerada.

Corrie ten Boom una vez dijo que si el diablo no puede hacerte pecar, te mantendrá ocupado. Esto es algo muy real. Tanto el pecado como las múltiples ocupaciones tienen el mismo efecto: cortan tu conexión con Dios, con los demás e, incluso, con tu propia alma.

El famoso psicólogo Carl Jung tenía este pequeño dicho: La prisa no es *del* diablo; *es* el diablo.

Jung, por cierto, fue el psicólogo que desarrolló el marco de los tipos de personalidad introvertida y extrovertida, y su trabajo luego se convirtió en la base del examen indicador de tipo de personalidad de Myers-Briggs. (Soy INTJ —introvertido, intuitivo, racional y calificador—. ¿Alguien más?). No hace falta decir que sabía de lo que hablaba.

Hace poco estaba hablando acerca de la visión de nuestra iglesia con mi terapeuta, que tiene un doctorado. Él es súper inteligente y muy amante de Jesús. Nuestro sueño era rediseñar nuestras comunidades en torno al aprendizaje de Jesús (me parece muy extraño escribir eso porque, ¿qué más haríamos como iglesia?). A él le encantó, pero continuaba diciendo lo mismo: "El problema principal que enfrentarás es el tiempo. Las personas están muy ocupadas para vivir emocionalmente sanas, espiritualmente ricas y vibrantes".

¿Qué es lo que normalmente contestan las personas cuando les preguntas "cómo estás"?

"Oh, bien, *muy ocupado*".

Presta atención y encontrarás esta respuesta por todos lados, sin importar etnias, géneros, etapas de la vida o, incluso, clase social. Los universitarios están ocupados. Los padres jóvenes están ocupados. Los que tienen el nido vacío y viven en un campo de golf están ocupados. Los gerentes están ocupados; también lo están los camareros y las niñeras que trabajan media jornada. Los estadounidenses están ocupados, los neozelandeses también, los alemanes también. *Todos* estamos ocupados.

Es cierto que existe un tipo de ocupación que es saludable, en donde tu vida está llena de cosas que realmente importan, de tal modo que no desperdicias tiempo en placeres vacíos o actividades triviales. Teniendo en cuenta esta definición, el mismo Jesús estaba ocupado. El problema no es que tengas muchas cosas que hacer, sino que tengas demasiadas y que, por ende, la única forma de cumplir con tus obligaciones sea marchar a toda máquina.

Ese tipo de ocupaciones son las que nos hacen tambalear.

Michael Zigarelli, de la Facultad de Economía de la Universidad del Sur de Charleston, realizó la "Encuesta de los obstáculos para el crecimiento" entre más de veinte mil cristianos alrededor del mundo, e identificó a la hiperactividad como la mayor distracción de la vida espiritual. Escucha atentamente su hipótesis:

Puede suceder que: (1) Los cristianos están asimilando una cultura de actividad, prisa y sobrecarga que lleva a que (2) Dios comience a estar más excluido en sus vidas, lo que genera (3) un deterioro en la relación con Dios, hace que (4) se vuelvan aún más vulnerables a adoptar suposiciones mundanas acerca de la forma de vivir y los lleva a (5) vivir más conformes con una cultura de actividad, prisa y sobrecarga. Y luego el ciclo vuelve a comenzar.[6]

Y los pastores, de hecho, son los peores. Él considera que la actividad en mi profesión se iguala a la de los abogados y los médicos.

Es decir, yo no. *Otros* pastores...

Como dice ese proverbio finlandés tan elocuente: "Dios no creó la prisa".

Esta nueva velocidad de vida no es cristiana: es anticristiana. Piénsalo: ¿cuál es el mayor valor en la economía del reino de Cristo? Fácil: el amor. Jesús lo dejó muy claro. Él dijo que el mayor mandamiento de toda la Torá era "Ama al Señor tu Dios con todo tu corazón, con toda tu alma, con toda tu mente y con todas tus fuerzas", seguido por "Ama a tu prójimo como a ti mismo".[7] Pero el amor es un gran consumidor de tiempo. Todos los padres lo saben, así como también lo saben los amantes y los que tienen amistades de muchos años.

La prisa y el amor no son compatibles. Mis peores momentos como padre, esposo y pastor, incluso como ser humano, suceden cuando tengo prisa, cuando llego tarde a un compromiso, cuando no llego a completar mi lista poco realista de quehaceres o cuando intento realizar demasiadas cosas en el día. En esos casos, me brota la ira, la tensión, la queja constante, la antítesis del amor. Si no me crees, la próxima vez que intentes salir de tu casa con tu esposa de personalidad tipo B y tus tres hijos pequeños que se distraen con todo, y que estés llegando tarde (un tema en el que tengo mucha experiencia), presta atención a la forma en que te expresas hacia ellos. ¿Eso parece amor? ¿O está más cercano a los nervios, a la ira, a un comentario hiriente o a una mirada dura? La prisa y el amor son el agua y el aceite: simplemente no se mezclan.

Por lo tanto, en la definición de amor del apóstol Pablo, la primera descripción es "paciente".[8] La razón por la que la gente habla de "caminar" con Dios, y no de "correr" con Dios, es porque Él es amor.

En su libro *Three Mile an Hour God* [El Dios de tres millas por hora], el difunto teólogo japonés Kosuke Koyama escribió estas palabras con relación a eso:

Dios camina "lento" porque es amor. Si no fuese amor, iría mucho más rápido. El amor tiene su velocidad. Es una velocidad interna. Es una velocidad espiritual. Es un tipo de velocidad diferente a la tecnológica a la que estamos acostumbrados. Es "lenta", pero reina sobre todas las otras velocidades, ya que es la velocidad del amor.[9]

En nuestra cultura, el adjetivo *lento* es peyorativo. Cuando alguien tiene un coeficiente intelectual bajo, lo tildamos de lento. Cuando el servicio en un restaurante es malo, lo llamamos lento. Cuando una película es aburrida, otra vez nos quejamos de que es lenta. Un ejemplo concreto: la definición de lento en el diccionario *Merriam-Webster* dice: "mentalmente torpe; estúpido; naturalmente inerte o perezoso; falto de disposición; prontitud o voluntad".[10]

El mensaje es claro: lo lento es malo, lo rápido es bueno.

Sin embargo, en el reino del revés, nuestro sistema de valores está completamente trastocado: la prisa es del diablo; la lentitud es de Jesús, porque Jesús es la imagen del amor en carne y hueso.

Lo mismo sucede con el gozo y la paz, dos de las otras realidades centrales del reino. El amor, el gozo y la paz son el triunvirato del corazón de la visión de reino de Jesús. Esas tres no son solo emociones. Por sobre todas las cosas, son condiciones del corazón. No son solo sentimientos placenteros: son parte de la clase de persona en la que nos convertimos cuando somos discipulados por Jesús, quien encarna las tres infinitamente.

Y ninguna de las tres es compatible con la prisa.

Piensa en el gozo. Todos los maestros espirituales dentro y fuera de la tradición de Jesús concuerdan en esto (así como también los psicólogos o expertos en meditación seculares, etc.): si existe un secreto para la felicidad, este es simple. Se trata de vivir el momento. Cuanto más presentes estamos en el ahora, más nos conectamos con el gozo.

¿Y la paz? ¿Es necesario que hable de eso? Piensa en el momento en que tienes prisa por llegar al próximo evento al que estás llegando tarde. ¿Sientes el *Shalom* de Dios en tu alma? ¿Tienes esa sensación presente y profunda de calma y bienestar?

Para reafirmar: el amor, el gozo y la paz son el corazón de todo lo que Jesús intenta hacer crecer en el suelo de tu vida. Y los tres son incompatibles con la prisa.

Nuevamente, si no me crees, la próxima vez que saques a la familia arrastrándola por la puerta (o si eres soltero, a quien viva contigo), presta atención a tu corazón. ¿Es amor, gozo y paz lo que sientes? Por supuesto que no.

En el almuerzo, mi no-mentor John dijo sabiamente: "No puedo vivir en el reino de Dios con un alma apurada".

Nadie puede.

La prisa no solo nos aleja del amor, el gozo y la paz del reino de Dios (el centro de lo que todos los seres humanos anhelamos), sino que también nos aleja del *mismísimo* Dios, simplemente al robarnos nuestra atención. Y con la prisa siempre perdemos más de lo que ganamos.

Para ganar, Walter Adams, el líder espiritual de C. S. Lewis, dijo:

> Caminar con Jesús es caminar a paso lento y sin prisa. La prisa es la muerte de la oración y solo impide y arruina nuestra obra. Nunca la impulsa.[11]

Esto significa que las cosas se pueden hacer mucho mejor sin prisa. Especialmente lo relacionado a nuestra vida con Dios e, incluso, nuestra obra *para* Él.

Aquí lo tenemos a Ronald Rolheiser, mi escritor católico favorito indiscutido de todos los tiempos, con la fuerza de un huracán:

> Hoy en día, una serie de circunstancias históricas están confluyendo ciegamente y, de manera accidental, conspiran para generar un clima en el que no solo es difícil pensar en Dios o en orar, sino simplemente tener cualquier profundidad interior en lo absoluto…
>
> Nosotros, por cualquier razón, buena o mala, nos distraemos en esta inconciencia espiritual.
>
> No es que tengamos algo en contra de Dios, la profundidad y el espíritu; nos gustaría tener esa comunión. Es solo que ya estamos tan acostumbrados a estar preocupados que

no los vemos cuando aparecen en nuestros radares. No es que seamos malos, es que estamos ocupados; no es que no seamos espirituales, es que estamos distraídos; no es que no estemos interesados en la Iglesia, es que nos interesan más el cine, el deporte, el centro comercial y la vida de fantasía que nos crean. La actividad, la distracción y la ansiedad patológicas son los principales obstáculos que tenemos hoy en nuestra vida espiritual.[12]

Me encanta la expresión de Rolheister: "actividad patológica".

Repito, un cierto nivel de actividad está bien o, al menos, es inevitable.

Incluso hay momentos y lugares para tener prisa (en una llamada de emergencia al 911, cuando tu esposa rompe fuente o tu pequeño corre hacia la calle).

Pero, seamos honestos, esos momentos son pocos y aislados. La actividad patológica con que la mayoría de nosotros vive como una configuración por defecto, esa prisa crónica que aceptamos como normal, funciona de forma parecida a un patógeno que se libera en una población masiva y termina en una enfermedad o en la muerte.

Oímos tan a menudo la frase "estoy bien, solo que estoy ocupado" que asumimos que la actividad patológica está bien. Después de todo, los demás también están ocupados. Pero ¿qué sucede si la actividad no es saludable? ¿Qué pasa si es un contagio que se transmite por el aire y causa estragos en nuestra alma colectiva?

Últimamente se me ha dado por leer poesía, lo cual es algo nuevo para mí. Pero me encanta la forma en que me obliga a desacelerar. Simplemente, no puedes leer rápido un buen poema. Anoche escogí al erudito cristiano y maestro literario T. S. Elliot. Apenas entendí un poco, como su verso que habla de "este mundo gorjeante" donde las personas están "distraídas con la distracción de la distracción". Habla de un mundo con suficientes distracciones para evitar la herida que nos puede guiar hacia la sanidad y la vida.[13]

Otra vez: "Nos distraemos en esta inconciencia espiritual".

Como dijo Ortberg:

> Para muchos el gran peligro no es renunciar a nuestra fe, es volvernos tan distraídos, apresurados y preocupados que nos conformemos con una versión mediocre de ella. Que solo nos quedemos con la espuma de nuestra vida en lugar de vivirla.[14]

¿Ves lo que está en juego aquí? No es solo nuestra salud emocional lo que está bajo amenaza. Como si eso no fuese suficiente, avanzamos tan rápido en la vida que estamos estresados, nerviosos, rápidos para atacar a nuestros cónyuges e hijos. Claro, eso es verdad. Pero lo que es aún más aterrador es que nuestra vida espiritual pende de un hilo.

¿Será que Dallas Willard estaba en lo correcto? ¿Una vida apurada, sobrecargada de actividades y distraída digitalmente es la gran amenaza a la vida espiritual que enfrentamos en el mundo moderno?

No puedo evitar preguntarme si Jesús le diría a toda nuestra generación lo que le dijo a Marta: "Estás inquieta y preocupada por muchas cosas, pero solo una es necesaria".[15]

"Lo que necesitamos en este momento es una espiritualidad más lenta".[16]

Una breve historia de la aceleración

Todos sabemos que nuestro mundo se ha acelerado a un paso frenético. Lo sentimos en nuestros huesos, ni hablar de la autopista. Pero no siempre ha sido así.

Permíteme convertirme en un ratón de biblioteca por unos minutos para mostrarte cómo llegamos hasta aquí. Hablaremos del reloj solar romano, de San Benito, de Thomas Edison, de tu tostadora, de la ciencia ficción de los años sesenta, de la tienda 7-Eleven y, obviamente, de Steve Jobs.

Primero que todo, el reloj solar, alias *el Casio original*.

Aproximadamente en el año 200 a.C.,[1] la gente se quejaba de lo que esta "nueva" tecnología le estaba haciendo a la sociedad. El dramaturgo romano Plauto convirtió ese enojo en poesía:

> ¡Los dioses confundan al primer hombre que descubrió la manera de distinguir las horas!, y confundan, también,

a quien en este lugar colocó un reloj de sol,
¡para cortar y destrozar tan horriblemente
mis días en fragmentos pequeños!²

La próxima vez que estés llegando tarde, solo cita a Plauto.

¡Los dioses confundan al hombre!

Avancemos hasta los monjes, nuestros bienintencionados ances-
tros espirituales que tuvieron un papel clave en la aceleración de
la sociedad occidental. En el siglo VI, San Benito organizó el día
del monasterio en siete momentos de oración, y esta fue una idea
excepcional. Para el siglo XII, los monjes habían inventado el reloj
mecánico con el fin de reunir al monasterio para orar.

Pero la mayoría de los historiadores señalan el año 1370 como
el punto de inflexión en la relación de Occidente con el tiempo.
Ese año, en Colonia, Alemania, se construyó la primera torre de
reloj pública.³ Antes de eso, el tiempo era natural. Estaba ligado
a la rotación de la tierra en su eje y a las cuatro estaciones. Los
seres humanos se acostaban con la luna y se levantaban con el
sol. Los días eran largos y activos en verano, cortos y lentos en
invierno. Había un ritmo para el día e incluso para el año. Según el
medievalista francés Jacques Le Goff, la vida estaba "dominada
por ritmos agrarios, libre de apremio, indiferente a la exactitud,
despreocupada por la productividad".⁴ (Y sí, acabo de citar a un
francés medievalista).

El reloj cambió todo eso: creó el tiempo artificial (la jornada de
trabajo de nueve a cinco *todo* el año). Dejamos de escuchar a
nuestros cuerpos y nos despertamos cuando las alarmas hacen
sonar sus sirenas opresoras, no cuando nuestros cuerpos ya
descansaron lo suficiente. Nos volvimos más eficientes, sí, pero
más máquinas y menos seres humanos.

Escucha el resumen de un historiador sobre este momento clave:

> Esta era la declaración que hacía el hombre de su indepen-
> dencia del sol, y una nueva prueba de su dominio sobre sí
> mismo y sobre sus circunstancias. Más tarde, sin embargo, le
> sería revelado que había logrado este poder colocándose bajo
> el dominio de una máquina que tenía sus propias e imperiosas
> exigencias.[5]

Cuando el sol establecía nuestro ritmo de trabajo y descanso, lo hacía bajo el control de Dios; pero ahora el reloj está bajo el control del empleador, un amo mucho más demandante.

Luego, en 1879, apareció Edison y la lámpara, lo que hizo posible estar despierto después de la puesta del sol. Bien, prepárate para la siguiente afirmación: antes de Edison una persona dormía como promedio once horas por noche.[6]

Así es: *once.*

Solía leer biografías de grandes hombres y mujeres de la historia que se levantaban a orar a las cuatro de la mañana (como Santa Teresa de Ávila, John Wesley o Charles Spurgeon). Yo pensaba: "¡Guau! Ellos se tomaban a Jesús mucho más en serio que yo". Es cierto, ¡pero luego supe que se acostaban a las siete! Después de nueve horas de sueño, ¿qué más podían hacer?

Ahora, al menos en los Estados Unidos, el promedio de horas de sueño por la noche bajó a cerca de siete. Eso es dos horas y media menos de sueño que hace un siglo atrás.

¿Nos sorprende que estemos cansados todo el tiempo?

Hace cerca de un siglo, la tecnología empezó a cambiar nuestra relación con el tiempo nuevamente, aunque esta vez con los dispositivos que ahorran trabajo.

Por ejemplo, si era invierno tenías que salir al bosque, arriesgarte a que un animal salvaje te comiera vivo, talar un árbol con un hacha usando tus propias manos, arrastrar el árbol hasta tu cabaña, cortarlo en pedazos y luego encender el fuego, otra vez, con tus propias manos. Ahora, todo lo que tienes que hacer es caminar hasta el termostato de la pared y presionar la flecha para arriba (o, si tienes una casa inteligente, lo haces en tu teléfono). ¡Listo! ¡El aire caliente aparece mágicamente!

Los ejemplos son miles. Antes solíamos caminar a todos lados; ahora tenemos coches para ir de un lado al otro rápidamente. Antes solíamos hacer toda la comida desde cero; ahora existe la comida para llevar. Antes solíamos escribir cartas a mano; ahora tenemos correo electrónico y, por supuesto, a nuestra mejor amiga, Alexa.

Sin embargo, a pesar de nuestros teléfonos móviles, cafeteras, lavavajillas, lavarropas y tostadoras automáticas, la mayoría de nosotros sentimos que tenemos *menos* tiempo en lugar de más.

¿Qué sucede?

Los dispositivos realmente nos ahorran trabajo y tiempo. Entonces, ¿a dónde va todo ese tiempo?

La respuesta: lo gastamos en otras cosas.

En la década del sesenta, los futuristas de todo el mundo (desde escritores de ciencia ficción hasta politólogos) creían que para esta época trabajaríamos *muchas* menos horas. A un famoso subcomité del Senado le dijeron en 1967 que para el año 1985 el estadounidense promedio trabajaría solo veintidós horas a la semana y veintisiete semanas al año. Todos creían que el principal problema en el futuro sería tener demasiado tiempo para el ocio.[7]

¿Qué...?

¿Te estás riendo? Sí, es gracioso, un poco.

A menos que seas francés, ha sucedido todo lo contrario (mis tres lectores franceses, nos burlamos de ustedes, pero solo porque estamos celosos).[8] El tiempo de ocio ha *disminuido*. El estadounidense promedio trabaja al año casi cuatro semanas más que en 1979.[9]

Hace poco, *Harvard Business Review* realizó un estudio sobre el cambio en la condición social de los Estados Unidos. El tiempo de ocio solía ser una señal de riqueza. Las personas con más dinero pasaban su tiempo jugando al tenis, navegando en la bahía o bebiendo vino blanco durante el almuerzo en el club de golf. Pero eso ha cambiado. Ahora, estar ocupado es una señal de riqueza. Este cambio cultural se puede ver en las publicidades. Los comerciales y los anuncios de objetos de lujo en las revistas (como un Maserati o un Rolex) solían mostrar a alguien adinerado sentado junto a una piscina en el sur de Francia. Ahora, es más probable que muestren a esa persona en Nueva York o en el centro de Los Ángeles dirigiendo una junta desde una oficina bien alta, saliendo a tomar unos cócteles de noche en un club de moda o viajando por el mundo.[10]

Hace un siglo, cuanto menos trabajabas, *más* nivel tenías. Ahora es al revés: cuanto más sentado y relajado estás, *menos* nivel tienes.

Como era de esperar, durante este mismo período de tiempo hemos visto la muerte del *sabbat* en la vida estadounidense. Hasta los años sesenta (y, en algunos lugares, hasta los noventa), las leyes azules (o leyes dominicales) forzaban a los comercios a cerrar durante el *Sabbat*. Era como un límite de velocidad establecido por el gobierno para la vida de los estadounidenses. Mi padre está llegando a los setenta años y comparte conmigo historias de su infancia en los años cincuenta, y me cuenta cómo la ciudad entera se cerraba durante la semana a las seis de la tarde y los domingos todo el día. *Nada* estaba abierto más que la iglesia. Nadie salía a almorzar o a un juego deportivo, mucho menos a un centro comercial. ¿Puedes imaginar que esto sucediera hoy en Silicon Valley? Yo no. Mi papá sigue hablando de lo importante que fue la llegada de 7-Eleven a la ciudad. Era la primera cadena de tiendas que estaba abierta los siete días de la semana. ¡Y hasta las 11 p. m.! En una generación, los domingos pasaron de ser un día para descansar y adorar a ser un día para comprar más basura que no necesitamos, hacer recados, comer afuera o simplemente adelantar el trabajo para la semana que viene.

Nuestra cultura nunca desaceleró siquiera lo suficiente como para preguntarse, ¿qué le hará este nuevo ritmo de vida a nuestras almas?

Andrew Sullivan, en un ensayo para *The New York Times Magazine* titulado: "Solía ser un ser humano", hizo este sugerente análisis:

> La tradición judeocristiana reconoció una distinción (y tensión) crítica entre ruido y silencio, entre pasar el día y tomar el control de nuestra vida entera. El *sabbat* (la institución judía de la que se apropió el cristianismo) era... un momento de calma para reflexionar sobre nuestra vida bajo la luz de la eternidad. Ayudó a definir gran parte de la vida pública occidental una vez a la semana durante siglos, para luego disiparse, con apenas un

lamento pasajero, en la cacofonía comercial de las últimas décadas. Reflejaba una creencia, ahora en deshuso, de que, para la mayoría de los mortales, sostener una vida espiritual simplemente es inviable sin estos refugios que nos protegen del ruido y el trabajo y nos recuerdan quiénes somos realmente.[11]

Perdimos más que un día de descanso: perdimos un día para que nuestras almas se abran a Dios.

Todo esto alcanzó su momento culmen en 2007. Cuando se escriban los libros de historia, hablarán de ese año y de 1440 como un punto de inflexión.

Y 1440, por supuesto, fue el año en que Johannes Gutenberg inventó la imprenta, lo que preparó el escenario para la Reforma Protestante y la Ilustración, quienes juntas transformaron Europa y el mundo.

¿Y el 2007? Redoblantes, por favor... ¡El año en que Steve Jobs lanzó el iPhone al mundo salvaje!

Nota: esto ocurrió meses después de que Facebook se abriera a todos los que tenían una dirección de correo electrónico. Fue la época en que una aplicación de microblogueo llamada Twitter creó su plataforma. Fue el primer año de la nube, junto con el App Store. Fue el año en que Intel cambió los chips de silicona por los de metal para mantener la racha de la ley de Moore, y de varios otros descubrimientos tecnológicos, todos ocurridos alrededor de 2007, la fecha oficial del comienzo de la era digital.[12]

El mundo ha cambiado radicalmente en unos pocos años. En nuestros recuerdos muy recientes ninguno de nosotros tenía un teléfono inteligente o acceso a wifi. Ahora no nos podemos imaginar viviendo sin algo que ni siquiera existía cuando nació mi primer hijo.

El internet es lo que ha cambiado el mundo y no solo para mejor. Depende de con quién hables, está disminuyendo nuestros coeficientes intelectuales o, al menos, nuestra capacidad de prestar atención.

Aunque ya está un poco pasado de moda, el libro de Nicholas Carrs, *Superficiales: ¿Qué está haciendo el internet con nuestras mentes?*, nominado a un Premio Pulitzer, sigue siendo una obra fundamental sobre esta evolución (¿o descentralización?). Él escribió:

> Lo que la Red parece estar haciendo es desgastar mi capacidad de concentración y contemplación. Ya sea que esté en línea o no, ahora mi mente espera obtener la información de la forma en que la Red la distribuye: en una corriente de partículas moviéndose con rapidez. Alguna vez fui un buceador en un mar de palabras. Ahora me deslizo por la superficie como un chico en una moto de agua.[13]

Y los teléfonos inteligentes pusieron el internet justo en nuestro bolsillo.

Un estudio reciente descubrió que el usuario promedio de un iPhone toca su móvil 2617 veces *al día*. Cada usuario está usando su teléfono durante dos horas y media distribuidas en setenta y seis sesiones.[14] Y eso es válido para *todos* los usuarios de teléfonos inteligentes. Otro estudio realizado en *millennials* duplicó este número.[15] En todos los estudios que leí, la mayoría de los encuestados no tiene idea de la cantidad de tiempo que realmente pierde en sus teléfonos.[16]

Un estudio similar descubrió que el simple hecho de estar en la misma habitación que su teléfono (incluso aunque esté apagado) "reducirá la capacidad de una persona para utilizar su memoria

operativa y resolver problemas". Traducción: nos hacen más tontos.
Como dice un resumen de este informe: "Si creces dependiendo
de tu teléfono inteligente, se vuelve un dispositivo mágico que
silenciosamente grita tu nombre en el cerebro todo el tiempo".[17]

Y ese es solo el uso en nuestro teléfono: subiendo contenido en
redes sociales, revisando nuestro correo electrónico, viendo cómo
está el clima, etc. Esas cifras ni siquiera hablan del uso de internet
en general, mucho menos del dragón que escupe fuego, es
decir, Netflix. Se pierde mucho tiempo en el agujero negro de ese
"dispositivo".

En estos momentos, hay un infiltrado en Silicon Valley llamado
Tristan Harris que está haciendo un trabajo muy interesante. Califi-
cado por *The Atlantic* como "lo más cercano a una conciencia que
tiene Silicon Valley", Harris señala que las máquinas tragamonedas
hacen más dinero que la industria cinematográfica y el béisbol
juntos, incluso aunque solo funcionen de a una moneda por vez.
Esto ocurre porque son adictivas y esas pequeñas cantidades de
dinero parecen insignificantes en ese momento. Solo son unos
centavos, ¿verdad? O cinco dólares, o veinte. Pero con el tiempo,
se van sumando. De la misma manera, un teléfono inteligente
es adictivo. Los pequeños momentos, un mensaje por aquí, un
vistazo a Instagram por allá, una mirada rápida al correo electrónico, curiosear en línea, todo eso suma una cantidad de tiempo
increíble.[18]

Harris era especialista en ética del diseño y filósofo de producto (sí,
eso es un trabajo) para Google, pero se vio excluido de la industria
tecnológica. Él renunció y comenzó una organización sin fines de
lucro con el único objetivo de luchar por un juramento hipocrático
para los diseñadores de programas, porque en estos momentos
todo está siendo *diseñado intencionalmente para fomentar la
distracción y la adicción*, pues es allí donde está la ganancia.

Otro ejemplo: Sean Parker, el primer presidente de Facebook (interpretado por Justin Timberlake en la película), ahora se llama a sí mismo un "objetor de conciencia" hacia las redes sociales. En una entrevista con Axios, admitió a regañadientes:

> Solo Dios sabe lo que genera [Facebook] en las mentes de nuestros niños. El proceso mental que se utilizó para construir estas aplicaciones, siendo Facebook la primera de ellas… era: ¿Cómo podemos consumir tanto de tu tiempo y atención consciente como sea posible? Y eso significa que tenemos que darte una especie de inyección de dopamina de vez en cuando, porque a alguien le gustó o comentó tu foto, tu publicación o lo que sea. Y eso va a hacer que generes más contenido y eso te dará más "me gusta" y más comentarios. Es un ciclo de retroalimentación de validación social […], exactamente lo que se le ocurriría a un pirata informático como yo, *porque estás explotando.una vulnerabilidad de la psicología humana.*[19]

Las cursivas las agregué yo, pero en momentos como estos vemos detrás de las cortinas de lo que mi amigo Mark Sayers llama el "capitalismo digital". Los economistas llaman a esto la "economía de la atención". Harris lo denomina una "carrera de armamentos por la atención de la gente". Una compañía puede obtener tu dinero únicamente si puede tener tu atención.

Está comenzando una tendencia aterradora: nuestra capacidad de atención disminuye con cada año que pasa. En el año 2000, antes de la revolución digital, nuestra capacidad de atención era de doce segundos, así que no es que tengamos mucho margen de maniobra exactamente. Pero desde entonces ha disminuido a ocho segundos.

Para ponerlo en perspectiva, un pez dorado tiene una capacidad de atención de nueve segundos.[20]

Sí. Así es. Estamos perdiendo contra un pez dorado.

Pero los pronósticos no están a nuestro favor. Hay, literalmente, miles de aplicaciones y dispositivos *desarrollados intencionalmente* para robar nuestra atención. Y, con ella, nuestro dinero.

Te recuerdo algo: tu teléfono inteligente en realidad no trabaja para ti. Tú pagas por él, sí, pero trabaja para una corporación multimillonaria en California, no para ti. Tú no eres el cliente, eres el producto. Lo que está en venta es tu atención junto con tu paz mental.[21]

Y Harris no es el único *refúsenik* en la tecnología. Ni yo soy el único pastor en alertar sobre esto.[22] Se han filtrado historias en Silicon Valley de empresarios de la tecnología que pagan un dineral por una escuela privada libre de dispositivos para el pequeño Jonny, el epítome de la máxima de Biggie Smalls: "Nunca te drogues con tu propia mercancía".

James Williams dijo que la industria tecnológica era "la forma más grande, estandarizada y centralizada de controlar la atención en la historia de la humanidad".[23]

La investigadora de Microsoft, Linda Stone, afirmó que "la atención parcial continua" es nuestra nueva normalidad.[24]

El escritor de ciencia-ficción Cory Doctor hizo notar que cada vez que tomamos nuestro teléfono, o estamos en línea, caemos en un "ecosistema de tecnologías de la interrupción".[25]

Antes de que todo esto comenzara, allá por 1936, otro profeta literario, Aldous Huxley, escribió acerca del "apetito casi infinito del hombre por las distracciones".[26] En su novela visionaria *Un mundo feliz*, él se imagina una futura antiutopía, no de una dictadura, sino de distracción, donde el sexo, el entretenimiento y las ocupaciones destrozan la estructura de la sociedad.

Es casi como si hubiese dado en la tecla...

El problema es que, aunque entendamos y admitamos que tenemos una adicción digital, sigue siendo una adicción. Nuestra fuerza de voluntad no tiene oportunidad frente al botón "me gusta".

Y eso si llegamos a admitir que tenemos un problema; la mayoría de nosotros no lo hará.

Los psicólogos arribaron a la conclusión de que la gran mayoría de las relaciones de los norteamericanos con sus teléfonos entra, al menos, en la categoría de "compulsiva". Tenemos que revisar ese último mensaje, entrar a Instagram, abrir ese correo, etc. Pero la mayoría de nosotros ya hemos convertido esto en una adicción total.

Como dijo Tony Schwartz en su columna de opinión para *The New York Times*:

> La adicción es la atracción implacable a una sustancia o actividad que se vuelve tan compulsiva que termina interfiriendo con la vida diaria. Según esa definición, casi todos los que conozco son adictos en cierta medida a la internet.[27]

Todos.

Si crees que eres la excepción a la regla, genial, pruébalo. ¿Cómo? Apaga tu teléfono por veinticuatro horas seguidas. Solo un día. Llámalo un *sabbat* digital. Ve si puedes soportar tanto tiempo sin ceder al deseo de tomar tu teléfono o sin retorcerte en el suelo cubierto de sudor, castañeteando los dientes por la abstinencia neurobiológica.

Mi punto aquí no es abogar por un regreso a una utopía mítica de la era predigital. La idea de cultivar por varias décadas y luego morir por la gota, bueno, suena horrible. Y, ¿te imaginas la vida sin la aplicación de mapas? Terrible. ¿Sin la aplicación de Apple para escuchar música? Me da escalofríos. Todo lo que digo es que constantemente hablamos de los beneficios de la era digital moderna, que son muchos, pero pocas veces hablamos de las desventajas. ¿Es acaso una red positiva?

Neil Postman, otro pensador visionario muy adelantado a su época, dio esta advertencia profética para nuestros días:

> La tecnología nunca debe ser aceptada como parte del orden natural de las cosas… Toda tecnología, desde un examen de coeficiencia intelectual hasta un automóvil, un televisor o una computadora, es un producto de un contexto político y económico particular y conlleva un programa, una agenda y una filosofía que puede mejorar la vida o no, y por lo tanto requiere escrutinio, crítica y control.[28]

Creo que es sabio cultivar una desconfianza sana de la tecnología. El progreso tecnológico, y aun el económico, no necesariamente va junto con el progreso humano. Solo porque algo sea más nuevo y/o más rápido no significa que sea mejor (por más que suene a herejía). No te dejes atrapar por la estrategia publicitaria capitalista. Lo que parece un avance muchas veces es un retroceso con un plan. Otros se vuelven ricos; tú te distraes y te haces adicto. Como dijo sabiamente Gandhi: "La vida no es solo aumentar la velocidad, es mucho más".

Idealizamos a los amish de una forma que creo que no es sana, pero vale la pena decir que en realidad no están en contra de toda la tecnología moderna. Cuando una nueva tecnología llega a la sociedad, ellos la evalúan desde afuera. Los amish nos observan como científicos a ratas de laboratorio que prueban una droga nueva. ¿Eso nos hace más sanos? ¿O más enfermos? ¿Es una red positiva o no lo es? De algún modo nos permiten ser voluntarios para la prueba en humanos. Luego, tienen una conversación con su comunidad. Los amish se opusieron al automóvil alegando que destruiría la estrecha unión de la comunidad y que alentaría al consumismo. Ambos —la falta de comunidad y el consumismo—, destruyen el amor, el gozo y la paz.

Quisiera haber sido una mosca para infiltrarme cuando hablaron del teléfono inteligente…

Sin embargo, los amish y otros seguidores comprometidos de Jesús nos recuerdan que hubo un tiempo en que la vida era mucho, mucho más lenta. No se manejaban automóviles, no se tomaban aviones, no se bebía cafeína para estudiar toda la noche, no había una catarata de alertas en nuestros teléfonos, no había infinitas opciones de entretenimiento en nuestras listas.

Es fácil simplemente tomar este ritmo de vida como normal, pero no lo es. La "hambruna de tiempo" en la que crecimos es relativamente nueva. Aún estamos evaluándola como especie y los primeros resultados son terribles.

Para resumir, después de milenios de una aceleración lenta y gradual, en las últimas décadas la gran velocidad de nuestra cultura ha alcanzado un punto exponencial.

Mi pregunta es simple: ¿Qué es lo que toda esta distracción, esta adicción y este ritmo de vida produce en nuestras *almas*?

Algo está terriblemente mal

La historia es la siguiente: en el apogeo del colonialismo británico, un viajero inglés llega a África con la intención de hacer una travesía rápida por la jungla. Alquila unos porteadores locales para que carguen sus pertenencias. Después de un día agotador en el que ha viajado a pie, y luego de una noche de sueño irregular, el viajero se levanta para continuar su camino. Pero los porteadores se niegan. Exasperado, comienza a persuadirlos, sobornarlos y rogarles, pero nada funciona. No se mueven ni un poco. Obviamente, él les pregunta por qué.

Le responden que ellos están esperando a "que sus almas alcancen a sus cuerpos".

Lettie Cowman, en su relato de esta historia, escribió:

Este tormento de vida apresurada que muchos tenemos nos provoca lo mismo que esa primera caminata a esos pobres miembros de la tribu en la jungla. La diferencia es que *ellos sabían* lo que necesitaban para restaurar el equilibrio de la vida; muchas veces *nosotros no lo sabemos*.[1]

Y no son solo escritores religiosos del siglo pasado los que afirman que la velocidad de nuestra vida está fuera de control y es peligrosa. Cada vez más expertos opinan así. Psicólogos y profesionales de la salud mental hablan hoy de una epidemia en el mundo moderno: "la enfermedad de la prisa". Es como si la consideraran una patología.

Esta es una definición:

> Un patrón de conducta caracterizado por la prisa y la ansiedad constantes.

Esta es otra:

> Un malestar en el que una persona se siente constantemente carente de tiempo y, por eso, tiende a realizar todas las tareas más rápido y se frustra cuando se topa con cualquier tipo de retraso.[2]

Meyer Friedman —el cardiólogo que alcanzó la fama por la teoría de que las personalidades de tipo A, enojadas y apresuradas de forma crónica, son más propensas a sufrir un infarto de miocardio—, lo definió así:

> Una lucha constante y un intento incansable por lograr o alcanzar cada vez más cosas o participar en más eventos en cada vez menos tiempo.[3]

Friedman fue el que inventó el término "enfermedad de la prisa", luego de observar que la mayoría de sus pacientes de riesgo cardiovascular manifestaban sentirse hostigados por un "sentido de urgencia".[4]

Y —respira hondo— lo dijo en los años cincuenta.

Cof, cof.

Silencio incómodo.

Ejem…

¿Cómo sabes si tienes esta enfermedad emergente?

Es bastante sencillo. Rosemary Sword y Philip Zimbardo, autores del libro *The Time Cure* [La cura del tiempo],[5] mencionan estos síntomas para la enfermedad de la prisa:

- Cambiarse de una fila a otra en una caja porque parece más corta o rápida.
- Contar los autos que hay por delante y cambiar al carril con menos autos o más rápido.
- Hacer muchas tareas a la vez, al punto de olvidar alguna de ellas.

¿A alguien le sucede?

¿Sientes eso?

No me quiero poner en el lugar de psicólogo, pero estoy bastante seguro de que *todos* tenemos la enfermedad de la prisa.

Y la prisa es una forma de violencia hacia el alma.

Muchos de ustedes aún no me creen, así que hagamos un pequeño inventario personal.

Estos son mis diez síntomas de la enfermedad de la prisa[6]. Fíjate si el síntoma te resulta familiar:

1. **Irritabilidad.** Te enojas, te frustras o simplemente te molestas muy fácilmente. Te fastidian cosas pequeñas o comunes. La gente tiene que andar de puntillas alrededor de ti por tu negatividad o tu enojo constante. Un consejo de un amigo experto en caminar con cuidado: para autodiagnosticarte, no te fijes en cómo tratas a un colega o a un vecino. Fíjate en cómo tratas a tus más íntimos (tu pareja, tus hijos, tu compañero de cuarto, etc.). ____

2. **Hipersensibilidad.** Solo se necesita un pequeño comentario para herir tus sentimientos, un correo mal-humorado para hacerte llorar, o un pequeño cambio de planes para que se te arruine el día y te sumerjas en una depresión emocional. Las cosas pequeñas rápidamente se vuelven grandes hechos emocionales. Según tu personalidad, puede manifestarse como enojo, quejas por todo, ansiedad, depresión o, simplemente, cansancio. El punto es que los problemas comunes de la vida de este lado del Edén tienen un efecto desproporcionado en tu bienestar emocional y en tus relaciones. Parece que no puedes soportar los golpes. ____

3. **Inquietud.** Cuando realmente intentas desacelerar y descansar, no puedes relajarte. Le das una oportunidad al *sabbat*, pero lo odias. Lees las Escrituras, pero las encuentras aburridas. Tienes tiempo en soledad con Dios, pero no puedes enfocar tu mente. Te acuestas temprano, pero te das vuelta de un lado a otro con ansiedad. Miras la televisión, pero al mismo tiempo revisas

tu teléfono, doblas tu ropa o te pones a discutir en Twitter (de acuerdo, tal vez solo contestas un correo electrónico). Tu mente y tu cuerpo están bajo los efectos de la droga de la velocidad y, cuando no consiguen la siguiente dosis de dopamina, tiemblan. ____

4. **Adicción al trabajo (o, simplemente, actividad constante).** No sabes cuándo parar. O, peor, *no puedes* parar. Una hora más, un día más, una semana más. Tus drogas por elección son cumplir y acumular tareas. Puede tratarse de actividades laborales, de una obsesión con la limpieza del hogar o de realizar recados. El resultado: terminas preso del "agotamiento del atardecer", donde al final del día no tienes nada para darle a tu pareja, a tus hijos o a tus seres queridos. Ellos se quedan con tu malhumor, tu aspereza, tu cansancio, y esto no es nada lindo. ____

5. **Adormecimiento emocional.** Simplemente, no tienes la capacidad de sentir el dolor de los demás, ni siquiera tu propio dolor. La empatía es un sentimiento raro en ti. No tienes tiempo para eso. Vives como en una especie de fuga constante. ____

6. **Prioridades fuera de lugar.** Te sientes desconectado de tu identidad y tu llamado. Siempre te ves absorbido por la tiranía de lo urgente, no de lo importante. Tu vida es reactiva, no proactiva. Estás más ocupado que nunca y sientes que no tienes tiempo para lo que realmente te importa. Muchas veces pasan los meses, los años o, Dios no lo permita, tal vez décadas. Entonces te das cuenta de que aún no has tenido la oportunidad de hacer todas las cosas que dijiste que eran las más importantes de tu vida. ____

7. **Falta de interés en tu cuerpo.** No tienes tiempo para las cosas básicas como ocho horas de sueño por la

noche, ejercicio diario, alimento casero saludable, los estímulos mínimos, un margen. Aumentas de peso. Te enfermas varias veces al año. Sueles despertarte cansado. No duermes bien. Vives de los cuatro jinetes del apocalipsis del alimento industrializado: cafeína, azúcar, carbohidratos procesados y alcohol. ____

8. **Conducta evasiva.** Cuando estamos muy cansados para hacer lo que en realidad le da vida a nuestra alma, nos desviamos hacia nuestra distracción por elección: comer en exceso, beber en exceso, darse un atracón de Netflix, mirar las redes sociales, navegar por internet, mirar pornografía (nombra el narcótico cultural de tu preferencia). Ocasionalmente, los narcóticos son buenos y hasta saludables a corto plazo cuando nos protegen del dolor innecesario, pero cuando abusamos de ellos para escapar de la realidad, nos comen vivos. Pronto te encuentras atorado en ese circuito de retroalimentación negativo de las adicciones socialmente aceptadas. ____

9. **Disminución de las disciplinas espirituales.** Si te pareces en algo a mí, las primeras cosas que corres a un lado cuando te ves sobrecargado son las que le dan verdadera vida a tu alma. Haces esto en lugar de *correr* hacia ellas —un momento de tranquilidad en la mañana, las Escrituras, la oración, el *sabbat*, la adoración del domingo, una comida con tu comunidad, etc.—. Porque, en un irónico callejón sin salida, las cosas que sirven para descansar, en realidad nos quitan un poco de energía emocional y autodisciplina. Cuando nos sobrecargamos de actividades, nos cansamos de más y, cuando esto sucede, no tenemos la energía o la disciplina para hacer lo que más necesitamos para nuestra alma. Lo repito: el ciclo comienza a retroalimentarse de su propia energía. Por eso, en lugar de una vida con Dios, nos conformamos

con una suscripción a Netflix y un vaso de vino tinto barato. Un sustituto muy pobre. No se trata de que el tiempo que gastamos en ver televisión sea Satanás mismo, sino que casi nunca nos cansamos del exceso de mirar *lo que sea* (o de publicar en las redes sociales o de comer hamburguesas con papas fritas en Five Guys, etc.) y así nos sentimos despiertos y vivos del alma hacia afuera, descansados, renovados y listos para un nuevo día. Retrasamos lo inevitable: un colapso emocional. Y, como consecuencia, perdemos el sentido vivificador de la compañía de Dios. ____

10. **Aislamiento.** Te sientes desconectado de Dios, de los demás y de tu propia alma. En esos pocos momentos en que dejas de orar (y con orar no me refiero a pedirle cosas a Dios, sino a sentarse con Él en tranquilidad), estás tan estresado y distraído que tu mente no puede tranquilizarse por mucho tiempo para disfrutar de la compañía del Padre. Lo mismo sucede con tus amigos: cuando estás con ellos también estás con tu teléfono, o tu mente está a años luz de distancia repasando la lista de tareas. Incluso cuando estás solo te encuentras cara a cara con el vacío que hay en tu alma e inmediatamente corres a esa rutina conocida de actividad y distracción digital. ____

De acuerdo, haz los cálculos.

¿Cuál fue tu resultado?

¿Siete de diez?

¿Ocho?

Sí, no te preocupes; no estás solo.[7]

Rechaza toda culpa o vergüenza que sientas ahora mismo. No es beneficiosa. Rara vez es de Dios y, definitivamente, no es mi intención con este pequeño ejercicio.

El punto al que intento llegar es este: una vida acelerada, con mucha actividad y prisa, es la nueva normalidad en el mundo occidental, pero es *tóxica*. Los psicólogos nos dicen que la ansiedad muchas veces es una alerta, la forma en que el alma nos dice que algo está muy mal y necesitamos corregirlo rápido. En un estudio reciente, el 39 % de los estadounidenses admitieron estar más ansiosos que hace un año.[8] Esto no es solo algo que debes controlar: es una epidemia emocional. Como solía decir mi abuela: "El simple hecho de que todos lo hagan, no lo hace algo bueno".

Y, como dije antes, la prisa no solo es una amenaza a nuestra salud emocional sino también a nuestra vida espiritual.

Thomas Merton una vez dijo que "la prisa y la presión de la vida moderna" eran una "forma generalizada de la violencia contemporánea".[9] *Violencia* es la palabra perfecta.

La prisa mata las relaciones. El amor necesita tiempo, la prisa no lo tiene.

La prisa mata el gozo, la gratitud, el reconocimiento. La gente apresurada no tiene tiempo para disfrutar de la calidad de un momento.

Mata la sabiduría. Esta nace en la tranquilidad, en la lentitud. La sabiduría tiene su propio ritmo. Te obliga a esperarla, a esperar que esa voz interior suba a la superficie de tu mente tempestuosa, pero no lo hace hasta que las aguas de tus pensamientos se calman y se aquietan.

La prisa mata todo lo que consideramos valioso: la espiritualidad, la salud, el matrimonio, la familia, la capacidad de reflexión, la creatividad, la generosidad... Nombra qué es valioso para ti. La prisa es un depredador sociópata suelto en nuestra sociedad.

En su emocionante libro acerca del *sabbat*, Wayne Muller señaló:

> Una vida "exitosa" se ha vuelto un negocio violento. Le declaramos la guerra a nuestros propios cuerpos y los presionamos por encima de sus límites. Le declaramos la guerra a nuestros hijos porque no encontramos tiempo suficiente para estar con ellos cuando están heridos o asustados y necesitan nuestra compañía. Le declaramos la guerra a nuestro espíritu porque estamos demasiado preocupados para escuchar las voces tranquilas que intentan alimentarnos y refrescarnos. Le declaramos la guerra a nuestras comunidades porque protegemos temerosamente lo que tenemos y no nos sentimos seguros para ser buenos y generosos. Le declaramos la guerra a la Tierra porque no podemos tomarnos el tiempo para poner nuestros pies en el suelo y permitirle que nos alimente, para disfrutar sus bendiciones y agradecerle.[10]

La poeta Mary Oliver, que no es cristiana pero es una eterna buscadora espiritual, escribió algo similar: "La atención es el principio de la devoción".[11] La adoración y el gozo comienzan con la capacidad de poner la atención de nuestra mente en Dios, quien siempre está con nosotros en cada momento. Como discípulos de Jesús, esta es nuestra tarea principal y el foco de la estrategia del diablo contra nosotros. Muchos han notado que el mundo moderno es una conspiración virtual contra la vida interior. Es difícil no ver una fuerza más oscura detrás de todo esto que solo el simple capitalismo. Cuando apresuramos nuestro camino en el terreno digital sin un sentido crítico, le hacemos relativamente fácil el trabajo al diablo. Sin importar nuestro nivel de ingresos, la atención es nuestro recurso más escaso. Jesús dijo sabiamente que nuestro corazón seguiría a nuestro tesoro.[12] Generalmente, interpretamos que por tesoro se refiere a nuestros dos recursos básicos: tiempo y dinero. Pero un recurso aún más precioso es la atención. Sin ella, nuestra vida espiritual sigue en el útero aun sin nacer.

La *atención* nos lleva a tomar *conciencia*. Todos los contemplativos coinciden en esto. Los místicos señalan que lo que falta es la conciencia. Es decir, en el problema crónico que experimenta el ser humano de sentirse distante de Dios, Dios no suele ser el culpable. Él es omnipresente. No hay lugar ni tiempo en el que Dios no esté presente. El problema es nuestra conciencia de Dios, que es crucial.

Muchas personas viven sin tener un sentido de la presencia de Dios durante el día. Hablamos de su ausencia como si fuese esta gran duda de la teodicea. Y lo entiendo: yo pasé por la noche oscura del alma. Pero ¿puede ser que, a excepción de unos pocos, seamos nosotros los que estamos ausentes y no Dios? Nos sentamos por ahí concentrados en nuestros teléfonos, la televisión o la lista de quehaceres, ajenos al Dios que está junto a nosotros, con nosotros, *en nosotros*, aún más deseoso de relacionarse que nosotros mismos.

Por eso, insisto con la tecnología. A riesgo de sonar como un líder de secta fanático con saliva en su barba o como un ludita fundamentalista con un interés personal, temo por el futuro de la Iglesia. Nuestra capacidad de atención no es lo único que está en juego.

Porque, *en lo qué pongas tu atención, resultará la persona en que te convertirás*.

Dicho de otra forma, la mente es el portal del alma y lo que pongas en tu mente es lo que trazará el camino de tu carácter. Al final, tu vida no es más que la suma de todo aquello a lo que le brindas tu atención. Esto es una buena señal para aquellos discípulos de Jesús que ponen la mayor parte de su atención en Él y en todo lo que es bueno, hermoso y verdadero en su mundo. Pero no para aquellos que ponen su atención en el ciclo de 24 horas de noticias plagadas de indignación, ansiedad y drama, o en el consumo constante de chismes de celebridades, excitación y tonterías culturales. Creemos que somos nosotros quienes "elegimos" estos contenidos, pero en realidad están diseñados por un algoritmo inteligente con el objetivo de monetizar nuestra valiosa atención.

Otra vez lo digo: nos convertimos en aquello a lo que le demos nuestra atención, ya sea bueno o malo.

Algunas de las personas más sinceras y honestas que conozco me dicen que cuando están en la presencia de Dios, no pueden prestar atención. Y si perdemos nuestra capacidad de poner atención a Dios por largos períodos de tiempo, o incluso cortos, ¿quién sabe en qué nos convertiremos?

Verás, la prisa no solo es tóxica para nuestra salud emocional y nuestra vida espiritual, sino que también es un síntoma de cuestiones mucho más profundas del corazón.

Me encanta cómo lo enmarca John Ortberg: "La prisa no es solo una agenda desordenada, es un corazón desordenado".[13]

Muchas veces, nuestra prisa es una señal de algo más. Algo más profundo. En general, es que estamos escapándonos de algo. Pueden ser heridas causadas por nuestro padre, traumas de la infancia, inseguridades o baja autoestima, miedo al fracaso, incapacidad patológica para aceptar las limitaciones de nuestra humanidad o, simplemente, aburrimiento de la cotidianeidad de una vida mediocre.

Tal vez estamos corriendo *hacia* algo (ascensos, compras, experiencias, sellos en nuestro pasaporte o la próxima cosa buena), buscando en vano algo que ninguna experiencia terrenal nos puede ofrecer: un sentimiento de valor personal, amor y aceptación. En la meritocracia del Occidente, es fácil sentir que somos solo tan buenos como lo sean nuestras comisiones por ventas, nuestras calificaciones, nuestras canciones, nuestros sermones, nuestras publicaciones en Instagram o nuestros juguetes nuevos. Por eso, estamos constantemente sin aliento, persiguiendo al viento escurridizo.

A veces, nuestra prisa es menos dramática. Solo estamos sobrecargados, más como víctimas de los derechos y responsabilidades del mundo moderno que como responsables del escape. Pero, de todas maneras, el efecto es el mismo. Es lo que William Irvine llama "malvivir". En su libro *El arte de la buena vida*, escribió:

> Existe el peligro de malvivir: de que, a pesar de toda tu actividad, a pesar de todas las agradables diversiones que has podido disfrutar, acabes viviendo una mala vida. En otras palabras, existe el peligro de que en tu lecho de muerte eches la vista atrás y descubras que has desperdiciado tu vida. En lugar de perseguir algo verdaderamente valioso, la has desaprovechado al dejar que te distraigan las baratijas que la vida puede ofrecerte.[14]

Recordemos las inolvidables palabras de Jesús de Nazareth: "¿Y qué beneficio obtienes si ganas el mundo entero, pero pierdes tu propia alma?"[15]

¿Has perdido tu alma o, al menos, una parte de ella?

¿Quieres recuperarla?

Sigue leyendo.

Segunda
parte

La
solución

Una pista: la solución no es más tiempo

Entonces, tenemos un problema.

El tiempo.

Pero, esta es la cuestión, por favor, escucha atentamente: la solución no es más tiempo.

A menudo me sorprendo diciendo: "Desearía que el día tuviese diez horas más". Mientras lo digo me doy cuenta de que mi lógica es incorrecta. Piénsalo: aunque Dios fuese Robin Williams, el genio de la lámpara que está allí para hacer realidad todos mis deseos, y alterara la estructura del universo para darme diez horas más por día… ¿Qué haría yo probablemente con esas diez horas? Lo mismo que la mayoría: llenarlos con aún *más* cosas. Luego estaría aún más agotado, desgastado emocionalmente y en riesgo espiritual, tal como lo estoy ahora.

No me malinterpretes. Llenaría los días de cosas buenas, hasta increíbles. Volvería a la música, dominaría la *Sonata Patética* en el piano, comenzaría una banda, leería *Ana Karenina*, luego leería toda la bibliografía de David Foster Wallace, sería voluntario en la escuela de mis hijos y en el programa de nuestra iglesia para alimentar a las personas sin hogar, ejercería más hospitalidad para con mis vecinos, pasaría más tiempo con mis hijos, me convertiría en chef —sí, definitivamente. Luego me sumaría a CrossFit, tendría un abdomen plano *y* comería tapas a la vez; viajaría, en especial a lugares donde pudiera mostrar esos abdominales; volvería a estudiar; al fin terminaría *El ala oeste de la Casa Blanca* (la abandoné en la temporada cinco); escribiría poesía, y… ¡oh, espera!, creo que he utilizado mis diez horas adicionales y más también. *Otra vez* el mismo problema.

¿Qué harías tú? ¿Practicar salto BASE? ¿Tejer un abrigo de invierno? ¿Comenzar una fundación? Sin importar lo que hagas, terminarías igual que yo: aún más cansado de lo que estás ahora.

Este es el punto al que quiero llegar, y es que la solución para una vida con muchas ocupaciones *no* es más tiempo.

La solución es desacelerar y simplificar nuestras vidas alrededor de lo que verdaderamente importa.

Tienes un montón de pensadores seculares agudos, como Greg McKeown y Joshua Fields Millburn, que escriben acerca del esencialismo y el minimalismo, lo cual es genial. Me devoré esos libros.[1] Pero estas ideas han sido dichas por los seguidores de Jesús durante milenios. Algunas páginas más adelante hablaremos de la intersección entre la prisa y el camino de Jesús, pero, por ahora, piensa en Génesis, el primer libro de la biblioteca de las Escrituras. El relato que nos define dice que estamos hechos "a imagen de Dios"[2], pero también que somos hechos "del polvo de la tierra".[3]

Imagen y polvo.

Ser creados a imagen de Dios significa que estamos llenos de potencial. Tenemos la capacidad divina en nuestro ADN. Somos *como* Dios. Fuimos creados como para ser una "imagen" de su conducta, para *gobernar* como Él, para juntar la materia prima de nuestro planeta y convertirla en un mundo para que los seres humanos florezcan y prosperen.

Pero eso es solo la mitad de la historia.

También fuimos creados de la tierra, "ceniza a ceniza, polvo a polvo". Somos envases biodegradables originales. Esto significa que nacemos con limitaciones. No somos Dios. Somos mortales, no inmortales. Somos finitos, no infinitos.

Imagen y polvo.

Potencial y limitaciones.

Una de las tareas claves de un discípulo de Jesús es vivir tanto nuestro potencial como nuestras limitaciones.

Hoy en día se habla mucho acerca de alcanzar el máximo potencial y estoy totalmente de acuerdo. Da el paso. Arriésgalo todo. Ten fe. Persigue el sueño que Dios puso en tu corazón. Conviértete en la versión tecnicolor para la que fuiste creado.

Pero, otra vez, eso es solo la mitad de la historia.

De lo que se oye hablar muy poco (ya sea dentro o fuera de la iglesia) es de aceptar tus limitaciones.

No suena a un éxito de ventas, ¿verdad? *Acepta tus limitaciones: cómo amigarte con tu mortalidad e insignificancia cósmica.* Sí, por grandiosa que sea mi editorial, dudo que quiera publicarlo.[4]

Vivimos en una cultura que quiere transgredir todas las limitaciones. No quiere aceptarlas. Quiere engañar al tiempo y al espacio, "ser como Dios".[5] Ver todas las nuevas películas, escuchar todos los pódcast, leer todos los nuevos libros (¡y no olvidemos los clásicos!), escuchar todas las canciones, ir a todos los conciertos, conducir por todas las carreteras, viajar a todos los países (otro sello para el pasaporte, por favor), comer en cada nuevo restaurante, ir de fiesta a la apertura de cada nuevo bar, hacerse amigo de cada nuevo rostro, solucionar todos los problemas de la sociedad, llegar a la cima de todos los ámbitos, ganar todos los premios, hacer todas las listas de quién es quién...

#YOLO [Siglas de "You only live once" o, en español, "solo se vive una vez"].

#FOMO [Siglas de "Fear of Missing Out" o, en español, "miedo a perderse de algo"].

#TanEstresadoQueNoPuedoRespirar

¿Ya has oído hablar acerca de "la ansiedad del entretenimiento"? Me encanta esta idea. Hoy en día hemos llegado al punto en el que hay tantas cosas buenas para consumir en televisión, en películas o en el arte, que cuando alguien me pregunta: "¿Ya viste tal cosa?", inmediatamente siento una avalancha de ansiedad: "Oh, no, ¿en serio? ¿Otra serie para agregar a mi lista?" Como ya dije, voy tres temporadas atrasado en *El ala oeste de la Casa Blanca* (¿dónde estaba yo a finales de los noventa?) y ahora descubro que hay una serie británica independiente llamada *El infiltrado* que, aparentemente, tengo que ver si quiero —aunque sea— tener la oportunidad de ser genial y culto.

Ahí se van otras veinte horas que no tengo. Uf…

Escucha, te tengo buenas noticias. Grandes noticias, de hecho.

Tú

No

Puedes

Hacerlo

Todo.

Y yo tampoco.

Somos *humanos*. Tiempo, espacio, un lugar a la vez, todo ese asunto molesto de las personas que no somos omnipresentes.

Tenemos limitaciones. Un montón de ellas. Estas son algunas, aunque no se limitan, valga la redundancia, solo a estas:

1. Nuestro cuerpo. Como dije, a diferencia de Luke Skywalker, solamente podemos estar en un lugar a la vez. De ahí el problema de las limitaciones.

2. Nuestra mente. "Nuestro conocimiento es parcial e incompleto",[6] como dijo Pablo. El problema es que no sabemos qué es lo que no sabemos. Nadie es una enciclopedia. A todos se nos escapan cosas. Como dice el versículo: "Por falta de conocimiento mi pueblo ha sido

destruido".[7] Lo que no sabemos muchas veces puede herirnos y lo hará. Nuestro coeficiente intelectual, que *no* es el mismo en general, también nos limita. Sí, la mente es como un músculo que puede ejercitarse para dar su máximo potencial. Pero, sin importar cuánto lea, estudie o cuantos títulos alcance, simplemente nunca tendré la inteligencia de muchas de las personas que más admiro. Esta es una limitación bastante significativa.

3. Nuestro talento. De forma similar a lo que dije antes, simplemente nunca tendré los talentos de muchas de las personas a las que admiro. La comparación solo nos quita el gozo, ¿sabes? Sin importar cuál es tu fuerte —la paternidad, la pintura, la música, el origami, ser emprendedor, lo que sea—, *siempre* habrá alguien mejor que tú. Siempre. Duele, ¿verdad? Pero ¿por qué? ¿Qué es eso de la condición humana que hace que a muchos nos sea casi imposible alegrarnos, tanto por quienes son más talentosos que nosotros, como por nuestra mejor obra? ¿Cuándo la obra maestra de una celebridad se convirtió en el estándar del éxito y no nuestro propio sudor y lágrimas?

4. Nuestra personalidad y conexión emocional. Simplemente tenemos muchas habilidades. Soy un introvertido. En realidad, soy muy relacional, pero mi círculo de relaciones es pequeño. También soy melancólico por naturaleza. Odio admitirlo, pero algunas personas son *mucho* más capaces que yo. Pueden relacionarse con más gente, cargar con más responsabilidades, manejar más estrés, trabajar más horas, liderar a más personas y hacer más cosas de las que yo podría soñar. Ni siquiera la mejor versión de mí puede hacerlo todo.

5. Nuestra familia de origen. Ninguno de nosotros comienza con una pizarra en blanco. Algunos empezamos la vida con una ventaja. Otros, caminamos con cojera por nuestros primeros años: una herida causada por nuestra madre, un padre ausente, una fe nominal o nula en nuestros padres, pobreza generacional. Nuestra familia establece algunos límites en nuestras vidas, incluso antes de que salgamos del útero materno.

6. Nuestro origen socioeconómico. Estados Unidos se construyó alrededor del mito de una sociedad no clasista, mito que oculta un profundo pozo de injusticia. La verdad es que, aun en nuestra tierra de oportunidades, algunas personas tienen más oportunidades que otras. Una de las tragedias más grandes de los Estados Unidos es que el privilegio, muchas veces (si no es que usualmente) está conectado al color de tu piel. Si eres como yo (blanco, hombre, clase media) después de un tiempo te das cuenta de que comenzaste el juego desde la tercera base, pero algunos de tus amigos comenzaron en el estacionamiento. El juego fue arreglado a tu favor. Pero, sin importar que tan alto hayas comenzado dentro de la jerarquía social de Occidente, *siempre* hay alguien por encima de ti. Siempre.

7. Nuestra educación y carrera profesional. Si abandonas la secundaria, esa es una limitación. Si tienes un doctorado en Harvard, esa es otra, de una forma particular. Tu carrera profesional puede limitarte porque está mal remunerada, porque es un trabajo duro para las reservas de energía de tu cuerpo o porque eres tan exitoso que debes trabajar demasiadas horas solo para mantenerte en la cima.

8. Nuestra etapa de la vida y sus responsabilidades. Por ejemplo, ir a la universidad, criar un hijo joven o cuidar a padres moribundos. En algunas etapas, solo tenemos muy poco tiempo para dar. Muchos han notado que la mayoría somos pobres de dinero cuando somos jóvenes, pero tenemos tiempo (especialmente cuando estamos solteros). Pero esto cambia a medida que crecemos y elegimos los límites que definen nuestra vida: muchos tenemos dinero pero ya no tenemos tiempo. Con casi cuarenta años, yo tengo una casa, tengo dinero para comer afuera de vez en cuando, y hasta vacaciono en Kauai algunos años. Estas cosas a los veinte solo podía soñarlas. Sin embargo, no tengo nada de tiempo libre. Entre mi trabajo como pastor y mi trabajo (aún más importante) como esposo y padre, mis días están completamente llenos. La familia es una limitación. He pensado en renombrar a mis hijos Limitación 1, Limitación 2 y Limitación 3... Ellos me cuestan una enorme cantidad de tiempo, energía y atención, y esto es así en cualquier relación que tengas, pero especialmente en la relación con tus hijos. No está mal, es maravilloso, pero es una limitación para esta etapa, que dura más de dos décadas.

9. Nuestros ochenta o más años de vida si es que somos bendecidos. No hay ninguna garantía, pero ya sea que vivamos hasta los 18 o hasta los 108, la vida es fugaz. Un autor del Nuevo Testamento dijo que la vida era como "una brizna".[8] Simplemente no hay forma de hacerlo todo, al menos no esta vez.

10. El llamado de Dios para nuestra vida. Tengo dudas en decir esto porque podría ser fácil de malinterpretarse, pero existen límites para el llamado de Dios en cada uno de nosotros. Pienso en la envidia de Pedro hacia el llamado de Juan, considerando que la tarea de Pedro fue

mucho menos agradable: morir crucificado cabeza abajo. Jesús tuvo que reprender amorosamente a Pedro: "¿A ti qué? Tú sígueme no más".[9] Muchos necesitamos oír esas mismas palabras y encontrar libertad en ellas.

¿Esta es una lista detallada? Por supuesto que no. Solo son ejemplos. Lo que quiero decir es que nuestras limitaciones no son solo temporales, sino emocionales, sociales, económicas, entre otras.

¿Qué pasaría si estas limitaciones no fuesen algo con lo que luchar sino algo que aceptar con gratitud como señal del llamado de Dios en nuestra alma? Me encanta la frase de Peter Scazzero: "En nuestras limitaciones encontramos la voluntad de Dios para nuestra vida".[10]

No me malinterpretes, lo mismo sucede con nuestro potencial. Mis palabras aquí pueden malinterpretarse o manipularse con facilidad para decir algo que, en el mejor de los casos, es antiestadounidense y, en el peor, injusto.

Dudo que el plan de Jesús fuera hacer que los pobres sean clase media o que los de clase media sean ricos. Jesús bendijo a miles de "pobres en espiritu"[11], les dio el Sermón del Monte[12] y luego los envió a casa; seguían siendo pobres, pero bendecidos. El plan de Jesús es hacer que la gente herida se sienta completa. Muchas veces, esto lleva a tener más dinero, oportunidades o influencia, y me parece muy bien. Después de todo, fuimos creados para gobernar sobre la tierra. Nada me alegra más que ver hombres y mujeres tomar su lugar legítimo en la sociedad como líderes amorosos, sabios, creativos y poderosos.

Lo que estoy diciendo es que las limitaciones no son todas malas. Allí es donde descubrimos la voluntad de Dios para nuestras vidas.

La principal limitación que tenemos todos, sin importar donde hayas comenzado en la vida ni lo inteligente, trabajador o tipo A que seas, es el tiempo. No importa si eres el gerente general de una empresa multinacional o un conductor de autobús escolar jubilado, si eres soltero o crías una familia de siete, si vives en el túnel de viento de una ciudad global o en una granja en el medio de Kansas sin servicio telefónico ni wifi. *Nadie* tiene más de veinticuatro horas al día.

Simplemente no podemos ver, leer, mirar, degustar, beber, experimentar, ser o hacerlo todo. No es una opción.

La vida es una serie de decisiones. Cada "sí" son miles de "no". Cada actividad a la que le dedicamos tiempo son miles de otras actividades a las que *no podemos* darles tiempo. Porque, por supuesto, no podemos estar en dos lugares a la vez.

Debemos aprender a decir que no. *Constantemente*. Como dijo Anne Lammot con humor: "*No*, es una oración completa".[13] Y necesitamos trabajarla en nuestro vocabulario.

En palabras de Henry David Thoreau, debemos "vivir deliberadamente". Acabo de terminar de leer *Walden*, sus famosas memorias de cuando fue al bosque por dos años completos para desacelerar y simplificar su vida. Observa esta frase:

> Fui al bosque porque deseaba vivir deliberadamente, enfrentar solo los hechos importantes de la vida y ver si podía aprender lo que tenía para enseñarme, y no, cuando me llegue la muerte, descubrir que no había vivido.[14]

¿Alguna vez se te cruzó la ligera sospecha de que podrías despertar al día siguiente en tu lecho de muerte con este sentido molesto de que, de alguna manera, en toda la prisa, las ocupaciones y la actividad frenética, perdiste de vista las cosas importantes?

De algún modo, comenzaste un negocio, pero terminaste un matrimonio.

Lograste que tus hijos fueran a la universidad de sus sueños, pero nunca les enseñaste el camino de Jesús.

Conseguiste títulos que se le añaden a tu nombre, pero aprendiste de la forma difícil que inteligencia no es lo mismo que sabiduría.

Has hecho mucho dinero, pero nunca te volviste rico en las cosas que más importan, que, irónicamente, no son cosas materiales.

Viste todas las catorce temporadas de _____, pero nunca aprendiste a amar la oración.

Para mí, este es el aspecto más aterrador de esta conversación: la mayoría perdemos grandes cantidades de tiempo. Me incluyo. Toda esta charla acerca de la prisa y la sobrecarga está dirigida hacia mí más que nada. Una investigación reciente de Philip Zimbardo sobre "La decadencia de los jóvenes" (es decir, la crisis de la masculinidad en la cultura occidental) ha concluido que un joven acumula un promedio de diez mil horas jugando videojuegos a la edad de 21 años.[15]

Diez mil horas.

Mi mente hace una investigación a partir de esta regla: en diez mil horas podrías dominar cualquier oficio o convertirte en experto en cualquier campo, desde arqueología sumeria hasta polo acuático olímpico. Podrías obtener una licenciatura *y* una maestría. Podrías memorizar el Nuevo Testamento.

O… podrías superar el nivel cuatro del videojuego *Call of Duty*.

La forma en que gastamos nuestro tiempo es la forma en que gastamos nuestra *vida*. Es en quien nos convertimos (o en quien no).

Aparentemente, tengo fama de ser "lector". Leo dos o tres libros por semana, lo que normalmente llega a unos ciento veinticinco libros por año. Y me siento bastante bien por eso. Al menos, así me sentía. Hasta que leí los cálculos de Charles Chu. El estadounidense promedio lee de doscientas a cuatrocientas palabras por minuto. A esa velocidad, todos podríamos leer doscientos libros al año, casi el doble de mi cuota, en solo 417 horas.

Parece mucho, ¿verdad? ¿417? Eso es más de una hora por día.

Pero ¿puedes adivinar cuánto tiempo al año pasa en redes el estadounidense promedio? La respuesta es 705 horas.

En televisión… 2.737,5 horas.

Esto significa que por solo una fracción del tiempo que le dedicamos a las redes sociales y a la televisión, todos podríamos convertirnos en ávidos lectores a la enésima potencia.

Chu se lamentó:

> Este es el simple secreto para poder leer muchos libros. No es tan difícil. Tenemos todo el tiempo que necesitamos. La parte aterradora (que todos ignoramos) es que somos muy adictos, muy débiles y estamos muy distraídos para hacer lo que todos sabemos que es lo importante.[16]

Si esto sucede con la lectura, ¿cuánto más con nuestra vida con Dios?

¿A qué más podríamos darle miles de horas de nuestro año?

En los veinte minutos que damos a *Candy Crush* en el viaje en autobús por la mañana, podríamos orar por cada uno de nuestros amigos y familiares.

Con la hora que dedicamos a la televisión antes de acostarnos, podríamos leer la Biblia entera al cabo de seis meses.

En un día haciendo recados y comprando tonterías que realmente no necesitamos, podríamos practicar el *sabbat* (un séptimo completo de nuestra vida destinado a descansar, adorar y celebrar nuestra aventura a través del buen mundo de Dios).

¿Ves a dónde quiero llegar?

Mucho antes de que Thoreau se fuera al bosque, Pablo dijo:

> Así que tengan cuidado de su manera de vivir. No vivan como necios, sino como sabios, aprovechando al máximo cada momento oportuno, porque los días son malos.[17]

Esa penúltima frase puede traducirse del griego de varias maneras:

- Aprovechen bien el tiempo.
- Saquen el mayor provecho de cada oportunidad.
- Aprovechen cada oportunidad que tengan de hacer el bien.[18]

Cada día es una posibilidad. Cada hora es una oportunidad. Cada momento es un regalo precioso.

¿Cómo gastaras los tuyos? ¿Vas a desperdiciarlos en cosas insignificantes o vas a invertirlos en la vida eterna?

Por supuesto, la mayoría *queremos* gastar nuestro tiempo sabiamente. Pero muchos no somos solteros como Pablo, ni somos un soltero independiente y adinerado como Thoreau. Odiamos lo adictos que podemos llegar a ser y cómo nos hemos vuelto tan fáciles de distraer.

Así que, tal vez, es mejor preguntarnos: ¿Cómo hacemos para "vivir deliberadamente" *sin* irnos al bosque a recoger nuestro propio alimento ni abandonar a nuestra familia? ¿Cómo podemos desacelerar y simplificar nuestra vida para vivir deliberadamente *justo en medio* del caos del mundo ruidoso, acelerado, urbano y digital que llamamos hogar?

Bueno, la respuesta, por supuesto, es fácil: sigue a Jesús.

El secreto del yugo fácil

Y ahora, la pregunta que todos se han estado haciendo: ¿qué tiene que ver todo esto con seguir a Jesús?

Después de todo, este es mi trabajo en realidad. Soy pastor y maestro del camino de Jesús. No soy psicólogo, gurú de autoayuda ni asesor en gestión del tiempo. Tristemente. Los oradores motivacionales están acostumbrados a eso. Pero yo soy más de aquellos que dicen "abran sus Biblias en…", que de los que dan consejos o técnicas para hacer realidad tu sueño de tener tu empresa o de establecer una proporción de proteínas a carbohidratos para revolucionar tu rutina matutina. Ojalá.

Aun así, supongo que estás leyendo este libro no *solo* porque te sientes acelerado sino porque, en cierta medida, encuentras atractiva la vida de Jesús.

(Eso, o eres soltero y encuentras atractivo al chico o a la chica que te dio este libro. Como sea, me alegra que te hayas sumado a este viaje).

Si fuese un hombre que le gustan las apuestas, también apostaría que antes de que dijera una palabra, tú ya fuiste lo suficientemente inteligente como para intuir algún tipo de correlación entre la prisa y la espiritualidad. Yo solo le puse palabras, historia e información a lo que tú ya sabías: que tenemos un problema con la prisa. Si sigues leyendo esto es porque eres la clase de persona que tiene que terminar cada libro que empieza (compartimos esa misma psicosis), o porque aún tienes suficiente fe en mí como para ser optimista y creer que una solución viene en camino.

Permíteme mostrarte lo que Jesús tiene para decir acerca de la epidemia de la prisa.

Para comenzar, Jesús era un rabí (palabra hebrea que significa "maestro"). Sí, Él era más que eso, era el Mesías y la encarnación de Dios mismo. Lo creo profundamente. Pero si tú hubieses sido un judío del primer siglo y Jesús hubiese aparecido en tu sinagoga una mañana de *sabbat*, seguramente lo hubieses puesto en la categoría de rabí o de viajero sabio.

Y, como todo rabí de su época, Jesús tenía dos cosas:

Primero, tenía un yugo. No literalmente, pues era un maestro y no un campesino. El yugo era una expresión común en el primer siglo para referir la forma en que un rabí leía la Torá. Pero también era algo más: era su serie de enseñanzas acerca de cómo ser humano. Era su forma de soportar el peso (a veces agobiante) de la vida: matrimonio, divorcio, oración, dinero, sexo, resolución de conflictos, gobierno, todo eso. Es una imagen extraña para aquellos que no vivimos en una sociedad agropecuaria, pero imagina dos bueyes enyugados juntos para tirar un carro o arar un campo. Un yugo es la forma de soportar una carga.

Lo que hacía único a Jesús no era que tenía un yugo —todos los rabís tenían uno—, sino que Él tenía un yugo *fácil* de llevar.

En segundo lugar, Jesús tenía aprendices. En hebreo, la palabra es *talmidim*. En general, se la traduce como "discípulos", y está bien, pero creo que la mejor palabra para capturar la idea detrás de *talmidim* es "aprendices".

Ser uno de los *talmidim* de Jesús es ser discipulado por Jesús. Sencillamente, es organizar tu vida con base en tres metas básicas:

1. Estar con Jesús.

2. Ser como Jesús.

3. Hacer lo que Jesús haría en mi lugar.

La finalidad del aprendizaje es moldear toda tu vida como la de Jesús y, al hacerlo, recuperar tu alma, volver a poner orden en la parte de ti que no lo tenía, experimentar la sanidad en lo más profundo de tu ser, experimentar lo que Jesús llamó "vida en abundancia",[1] lo que los escritores del Nuevo Testamento nombraron "salvación".[2] Ten en cuenta que la palabra griega que traducimos como "salvación" es *soteria*, y esta es la misma palabra que traducimos como "sanidad". Cuando estás leyendo el Nuevo Testamento y lees que Jesús "sanó" a alguien y luego que "salvó" a alguien, estás leyendo *la misma palabra griega*. La salvación *es* sanidad. Incluso la etimología de la palabra "salvación" viene del latín *salve*, que (en inglés), es un ungüento que se coloca en una quemadura o herida.

Esto es lo que Jesús hacía: sanar a la gente y salvarla en lo más profundo de su alma.

¿Cómo? A través de sus enseñanzas.

Adonde iba Jesús, constantemente ofrecía una invitación.

Generalmente se oía algo así:

"Vengan, síganme".[3]

O así:

"Vengan, sean mis discípulos".

Esa era la frase de cabecera de Jesús para que la gente se acercara y encontrara sanidad en sus enseñanzas. Y me encanta. Pero, volvamos a otra invitación de Jesús: la de Mateo 11 con la que comienza este libro. No está tan difundida, pero es mi favorita de lejos. Hazme un favor: reléela, pero, esta vez, hazlo lento, dándole tiempo a cada palabra de que ingrese en tu metabolismo:

> Vengan a mí todos ustedes que están cansados y agobiados, y yo les daré descanso. Carguen con mi yugo y aprendan de mí, pues yo soy apacible y humilde de corazón, y encontrarán descanso para su alma. Porque mi yugo es suave y mi carga es liviana.[4]

De acuerdo, leámoslo una vez más. Más lento. Respira profundo, no te apresures, Dios tiene algo para ti en este momento:

> Vengan a mí todos ustedes que están cansados y agobiados,
> y yo les daré descanso.
> Carguen con mi yugo y aprendan de mí,
> pues yo soy apacible y humilde de corazón,
> y encontrarán descanso para su alma.
> Porque mi yugo es suave
> y mi carga es liviana.

Ahora leamos la paráfrasis de Eugene Peterson para estos mismos versículos en la Biblia The Message. Otra vez, lento:

> ¿Están cansados? ¿Desgastados? ¿Agobiados de la religión? Vengan a mí. Escápense conmigo y recuperarán su vida. Les mostraré cómo encontrar verdadero descanso. Caminen conmigo y trabajen conmigo, miren cómo lo hago yo. Aprendan el ritmo natural de la gracia. No pondré sobre ustedes nada pesado o que no les quepa. Manténganse en compañía conmigo y aprenderán a vivir libres y livianos.

"Aprendan el ritmo natural de la gracia". ¿Qué tan buena es esa frase?

Esta es una invitación para todos los cansados, agobiados, estresados, y para todos los que están atorados en el tráfico, retrasados con su lista de quehaceres, deseando otro café solo para poder rendir durante el día.

¿Hay alguien así por ahí?

Déjame reformular la pregunta: ¿Hay alguien *que no sea* así por ahí?

En su artículo para BuzzFeed "Cómo los *millennials* se convirtieron en la generación agotada", Anne Petersen mencionó que "el agotamiento no es un lugar al que podemos ir de visita y volver; es nuestra residencia permanente". Lo que solía ser la experiencia aislada de un corredor de bolsa en Nueva York o de un médico en una sala de emergencias, ahora es la realidad de la mayoría de las personas. Petersen ofrece una crítica ilustre a los once mil millones de dólares de la industria de la actualización personal y la incapacidad de tener un día de *spa* para resolver nuestros problemas con el agotamiento mental. Sin embargo, después de un extenso diagnóstico del hastío de nuestra generación, el único intento de solución que tenía para ofrecer era el "socialismo democrático y… los sindicatos. Estamos comenzando a entender lo que nos aflige y no es algo que se solucione con una oxigenación facial o una cinta caminadora en la oficina".[5]

No tengo nada en contra de los sindicatos y me parece bien el socialismo democrático (no me juzguen, soy de Portland, ¿recuerdan?). Pero dudo mucho que eso sea más efectivo contra el agotamiento que utilizar aceites esenciales.

Jesús nos invita a tomar su yugo, a viajar por la vida a su lado, aprendiendo de Él a llevar el peso de la vida con facilidad. Una invitación a salir de la sociedad agotada para vivir el descanso del alma.

Ahora, esto suena genial, pero déjame poner en palabras lo obvio: tal vez muchos de ustedes leen esta invitación de Jesús y piensan…

Yo creo *que soy un seguidor de Jesús, hasta donde sé.*

Pero, honestamente, estoy *cansado.*

Estoy *desgastado. Vivo con un ligero nivel de fatiga que casi nunca se me va.*

Y, ¿sinceramente? Estoy *agotado de la religión.*

¿Qué sucede? ¿Me estoy perdiendo de algo?

Me llevó varios años (muchos de ellos difíciles) descubrir que *sí,* que me *estaba* perdiendo de algo. Algo que me estaba mirando de cerca durante gran parte mi vida.

Ahora, escucha con atención: si creciste en la Iglesia, es muy probable que conozcas este versículo de Mateo muy bien. Hasta es un cliché para algunos. Crecí en los ochenta (no eran tan geniales como los muestra *Stranger Things*), la época en que las abuelas cristianas bordaban versículos bíblicos y los enmarcaban en la pared del baño, al lado del jabón. ¿Alguno sabe de lo que hablo? Sí… Este versículo era el favorito de todas las abuelas del mundo occidental. Y el peligro con eso es que es fácil volverse insensible o hasta ciego a lo que está inserto en este versículo.

Escondido a plena vista en esta invitación de Jesús, está lo que Dallas Willard llama "el secreto del yugo fácil".

Él escribió esto acerca de Mateo-11:

> Es en esta verdad donde yace el secreto del yugo fácil: vivir como Él vivió integralmente, adoptando su estilo de vida…
> Nuestro error radica en pensar que seguir a Jesús consiste en amar a nuestros enemigos, caminar la "segunda milla", volver la otra mejilla, sufrir con paciencia y esperanza, mientras vivimos el resto de nuestra vida como lo hacen todos los que nos rodean… Es una estrategia condenada al fracaso.[6]

Lo que él dice aquí es simple, pero profundo.

Esta es mi paráfrasis del secreto del yugo fácil:

> Si quieres experimentar la *vida* de Jesús, tienes que adoptar su *estilo de vida*.

Ya que estoy repitiendo las cosas, lo repito una vez más:

> Si quieres experimentar la *vida* de Jesús, tienes que adoptar su *estilo de vida*.

Cuando entendí esto, cambió todo. Comparto contigo una pequeña historia para explicarlo.

Yo vivo justo en el límite de la ciudad de Portland, en un divertido vecindario microurbano. Al otro lado de la calle hay una casa con personas solteras que, básicamente, son una publicidad viviente de Nike. Nike tiene su base en los suburbios de Portland y no estoy seguro si ellos trabajan en la empresa, si esta los patrocina o qué, pero los seis son ávidos corredores. Ahora, yo también corro, pero no soy un corredor. ¿Entiendes a lo que me refiero? Ellos son corredores.

Y, habitualmente, temprano por la mañana mientras estoy tomando mi café y orando, los veo salir en fila por la puerta para correr al amanecer. Obviamente, todos visten mallas (calzas) y, créeme, se ven muy bien. Grasa corporal de un solo dígito. Aspecto delgado pero musculoso. Postura impecable: los hombros, la espalda, el mentón en alto. Y luego comienzan a pavonearse…, digo, a correr. Parecen más antílopes que humanos. En serio, su precalentamiento es más rápido que mi entrenamiento de velocidad. (Por supuesto, mi entrenamiento de velocidad necesita un estímulo, pero aun así…).

Y, comúnmente, mientras corren, pienso: "Yo quiero eso". Quiero verme bien en pantalones de licra. (Tristemente, la revista *Runner's World* aún no me ha llamado para una sesión de fotos). Quiero correr una milla en seis minutos sin sudar. Quiero ese nivel de salud, energía y vitalidad.

Quiero esa vida.

Pero luego pienso en el estilo de vida detrás de eso. Mientras yo estoy despierto mirando *El hombre en el castillo* y bebiendo vino tinto hasta la medianoche (un escenario hipotético, lo prometo...), ellos comen apio y agua en la cena y se van a dormir a las 9 p. m.

Mientras yo estoy en mi bata saboreando el café Kenya de origen único, ellos están afuera sudando en el pegote húmedo del verano y la helada del invierno.

Cuando corro, escucho algún pódcast o miro hacia el espacio pensando en mi enseñanza para el domingo. Ellos corren intervalos cada cuatrocientos metros y utilizan sus pulmones al límite.

Hice un análisis de costos y beneficios y lo decidí rápidamente: por más bien que se vean sus pantalones ajustados en la niebla de la mañana, no vale la pena. Por eso, simplemente, los observo.

La realidad es que *quiero esa vida, pero no estoy dispuesto a adoptar el estilo de vida que hay detrás.*

Creo que así es como muchos nos sentimos acerca de Jesús.

Leemos las historias de Jesús (su gozo, su paz firme frente a lo incierto, su presencia calma, su forma de ser relajada y cómo vivía el momento) y pensamos: "Quiero esa vida". Oímos su invitación abierta a una "vida en abundancia" y pensamos: "Anótame". Oímos acerca de su yugo fácil y el descanso profundo del alma, y pensamos: "Dios mío, sí, claro que sí. Necesito eso". Pero luego no estamos dispuestos a adoptar su estilo de vida.

Solo que, en el caso de Jesús, sí vale la pena pagar el costo. De hecho, obtienes mucho más de lo que das. Hay una cruz, sí, una muerte, pero luego le sigue una tumba vacía, un nuevo portal hacia la vida. Porque en el camino de Jesús después de la muerte *siempre* hay resurrección.

Esta es mi convicción: la Iglesia occidental ha perdido de vista el hecho de que la forma de vida de Jesús es solo eso, una forma de vida. No es un conjunto de ideas (lo que llamamos *teología*) o una lista de lo que debemos hacer y lo que no (lo que llamamos *ética*). Es decir, es eso, pero también es mucho más. Es una forma de vida basada en la del mismísimo Jesús. Es un estilo de vida.

La tradición de la iglesia en la que crecí se basaba mucho en la teología y la ética, pero se hablaba muy poco o nada acerca del estilo de vida. Pero allí es donde está el tesoro.

Ya que hablamos de Eugene Peterson, una vez escribió esto acerca de la metáfora del camino de Jesús:

> El camino de Jesús unido a su verdad produce una vida conforme a la de Jesús...
>
> Pero Él como la verdad obtiene mucha más atención que como el camino. Jesús como el camino es la metáfora más evitada entre los cristianos con los que he trabajado durante cincuenta años como pastor en los Estados Unidos.[7]

Aparentemente, mi iglesia no era la única en restar importancia al camino de Jesús como una forma de vida. ¡Qué error tan trágico!

Tu vida es el producto de tu estilo de vida. Con *vida* me refiero a la experiencia de la condición humana y con *estilo de vida* me refiero al ritmo y la rutina que conforman nuestra existencia día a día. La forma en que organizas tu tiempo o gastas tu dinero.

Hay un dicho en la literatura empresarial que me encanta: "Cada sistema está perfectamente diseñado para obtener los resultados que obtiene". Esto se suele aplicar a los artilugios y el resultado final, pero me encanta para la vida en general.

Si los resultados que estás obteniendo son pésimos (ansiedad acumulada, depresión leve, niveles altos de estrés, agotamiento emocional crónico, poco sentido de la presencia de Dios o nada, incapacidad para enfocarte en las cosas importantes de la vida, etc.), entonces es muy probable que algo del sistema en tu vida esté desequilibrado. Puede ser la forma en que has organizado tu rutina matutina (o vespertina), tus horarios, tu presupuesto, tu relación con tu teléfono, la forma en que manejas tus recursos de tiempo, tu dinero o tu atención, etc. Algo no está en su lugar.

Muchas veces se dice que "la definición de *insensatez* es hacer lo mismo una y otra vez y esperar resultados diferentes". Y eso es *exactamente* lo que hacemos. Tenemos una visión del tipo de vida que podemos tener en Jesús, vamos a la iglesia, leemos un libro o escuchamos un pódcast. Vislumbramos el tipo de vida que anhelamos (una con salud emocional y vida espiritual) y nuestro instinto inmediatamente dice: "Sí. Dios, yo *quiero* esa vida". Llegamos a casa de la iglesia con toda la fuerza de voluntad que podemos reunir y nos disponemos a cambiar. Pero luego, *volvemos enseguida a tener exactamente el mismo estilo de vida*. Y no cambia nada. Es el mismo ciclo que se repite: estrés, cansancio, distracción. Nos sentimos atrapados otra vez. Y luego nos preguntamos: "¿De qué me estoy perdiendo?".

Este método de cambio simplemente no sirve.

¿Qué es lo que sirve? Honestamente, la solución es muy, muy simple. Si quieres experimentar la vida "en abundancia" de Jesús, el placer infinito y deliberado de la presencia de Dios y su mundo, todo lo que tienes que hacer es adoptar no solo su teología y ética, *sino también su estilo de vida*. Solo sigue su camino.

¡Eso es todo!

Solo toma su vida como una plantilla para la tuya. Adopta sus prácticas y hábitos. Como buen aprendiz, copia cada movimiento de tu rabí. Después de todo, ese es el sentido del aprendizaje.

A esto quería llegar Jesús con esa imagen curiosa de un yugo que, cuando lo piensas, es un vocabulario extraño para una invitación a "encontrar descanso para nuestra alma". Es decir, los yugos son para la agricultura. La agricultura es trabajo, no descanso.

Frederick Dale Bruner es un destacado académico experto en el evangelio de Mateo, y su visión de la paradoja del "yugo fácil" es digna de leer:

> Un yugo es un instrumento de trabajo. Por lo tanto, cuando Jesús ofrece un yugo está ofreciendo algo que consideramos que es lo último que necesitan los trabajadores cansados. Ellos necesitan un colchón o unas vacaciones, no un yugo.

Espero que te estés riendo. Esto es muy perspicaz y real.

> Pero Jesús se da cuenta de que el mejor regalo que le puede dar a alguien cansado para que descanse es una nueva forma de llevar la vida y de asumir responsabilidades… El realismo ve que la vida es una secuencia de responsabilidades. No podemos huir de ellas. Por eso, en vez de ofrecernos un escape, Jesús nos ofrece herramientas. Jesús dijo que obedecer a su Sermón del Monte (su yugo) desarrollará en nosotros un equilibrio y una forma de llevar la vida que nos dará más descanso que la manera en que hemos estado viviendo.[8]

¿Ves la genialidad de la invitación de Jesús?

Existe un peso emocional y hasta espiritual en la vida. *Todos* lo sentimos, especialmente a medida que crecemos. Lo de la vida fácil es un mito, o una distracción (el resultado de una cultura empapada de publicidad y engañada por las redes sociales). La vida es difícil. Punto. Sin comas, sin peros, sin aclaraciones. Todos los hombres y mujeres sabios de la historia lo han dicho. No hay tecnología, sustancia o píldora nueva que pueda eliminar la caída de la humanidad. En el mejor de los casos, podemos reducir sus efectos a medida que nos acercamos al regreso de Jesús, pero para el dolor no hay escapatoria.

¿Por qué crees que en el mundo hay tantas adicciones? No solo abuso de sustancias sino adicciones más comunes: a la pornografía, al sexo, a la comida, a la dieta, al ejercicio, al trabajo, a los viajes, a las compras, a las redes sociales, a los eventos de la iglesia, etc.

Y sí, hasta la iglesia puede ser una adicción, una dosis de dopamina a la que corres para escaparte de las heridas del dolor emocional, el que causó un padre, o un matrimonio infeliz..., pero ese es un tema para otro libro.

Las personas de todo el mundo (dentro y fuera de la iglesia) están buscando un escape, una forma de salir del peso aplastante de la vida de este lado del Edén. Pero no hay escapatoria. Lo mejor que el mundo puede ofrecer es una distracción temporal para retrasar lo inevitable o negar lo ineludible.

Por eso, Jesús no nos ofrece un escape. Nos ofrece algo mucho mejor: "herramientas". Él ofrece a sus aprendices una nueva forma de llevar el peso de nuestra humanidad. Con facilidad. A su lado. Como dos bueyes en un campo, unidos hombro a hombro. Con Jesús haciendo todo el trabajo pesado. A su ritmo. Lento, sin prisa, presente en el ahora, lleno de amor, gozo y paz.

La vida fácil no es una opción, pero el yugo fácil sí lo es.[9]

Aquí estamos hablando de una ley de la vida

Si hay algo que se puede ver al leer los cuatro evangelios es que Jesús rara vez tenía prisa.

¿Podrías imaginar a un Jesús estresado, contestándole bruscamente a María Magdalena luego de un día largo: "No puedo creer que se te cayera el humus"? ¿O suspirando y diciéndose a sí mismo: "Necesito seriamente un vaso de vino"?

¿Podrías imaginarlo hablando contigo a medias, enviándote mensajes de texto con su iPhone, diciendo un esporádico "ajá" para interrumpir una conversación unilateral?

¿Podrías imaginarlo diciendo?: "Perdón, me encantaría sanar tu pierna, pero tengo que llegar al avión. Mañana voy a hablar en TEDx en Jerusalén. Él es Tadeo, un discípulo mío del que nadie ha oído. Él está feliz de orar por ti. Tengo que irme"; o pidiéndote: "Habla con mi asistente, Judas. Veremos si podemos hacerte un lugar"; o preguntándote: "¿Con qué revista estás?". Tú respondes: "Ninguna". Su mirada se desconecta de pronto…

Eh, *no*.

Un relato del evangelio cuenta que Lázaro, un amigo de Jesús, estaba enfermo. Por amigo me refiero a un amigo muy cercano. Y por enfermo, me refiero a enfermo de muerte. Pero cuando Jesús recibió este mensaje de vida o muerte, leemos esta extraña frase:

> A pesar de eso, cuando oyó que Lázaro estaba enfermo, se quedó dos días más donde se encontraba. Después dijo a sus discípulos: "Volvamos a Judea".[1]

No tuvo mucha prisa, ¿verdad? Y la vida de su amigo pendía de un hilo.

En otro relato, Jesús estaba enseñando en una sinagoga cuando un hombre llamado Jairo cayó, literalmente, a sus pies, rogándole que viniera y salvara a su hija que se estaba "muriendo".[2] Otra vez, de vida o muerte. Pero de camino a la casa de Jairo, una mujer con un problema de salud crónico desde hacía doce años interrumpió a Jesús. Esta es una historia hermosa,[3] pues Jesús se tomó todo el tiempo del mundo con ella. Sin prisa.

¿Puedes imaginarte cómo se debe haber sentido Jairo? Lo imagino zapateando con su pie, mirándolo a Jesús como diciendo: "¡Vamos!", con el pecho tenso de ansiedad.

Al final, Jesús pudo llegar con la hija de Jairo y también sanarla. Pero cada vez que leo esta historia, me sorprende lo presente que estaba Jesús en el momento, la forma en que no dejaba que nada ni nadie, ni siquiera una emergencia médica o un padre sufriendo, lo apresuraran a avanzar.

Y esta historia no es algo aislado, una excepción o un enigma. Jesús era interrumpido *constantemente* (Lee los Evangelios. ¡La mitad de las historias son interrupciones!), sin embargo, Él nunca respondía nervioso o molesto. (Bueno, sí lo hizo con los religiosos —esa es otra historia—, pero no con las interrupciones).

La agenda de Jesús estaba llena. A veces, a rebosar. En el buen sentido. Sin embargo, nunca reaccionó apurado.

Esto de estar arraigado al momento y conectado con Dios, con los demás y consigo mismo, no era el resultado de una personalidad relajada o de un mundo sin wifi: era la consecuencia de su forma de vivir. Toda una nueva forma de ser humano que Jesús pone a la vista historia tras historia.

Después de todo, este es el hombre que esperó tres décadas para predicar su primer sermón y, después de un día de trabajo como el Mesías, se apartó al desierto durante cuarenta días a orar. Nada podía apresurar a este hombre.

Pensemos en el estilo de vida de Jesús por unos minutos.

Jesús se aseguró de inyectar una dosis saludable de margen a su vida. Se dice que margen es "el espacio entre nuestras cargas y nuestros límites".[4] Para muchos de nosotros *no existe* un espacio entre ellos. No estamos al 80 % con espacio para respirar, estamos al 100 % *todo el tiempo*. La agenda semanal de Jesús era un acto profético contra los ritmos de la prisa en nuestros tiempos.

Él solía levantarse temprano e ir a un lugar tranquilo para estar con su Padre. Hay una historia en la que los discípulos se levantaron y Él no estaba. Se había ido antes del amanecer, solo para estar a solas y recibir el día en tranquilidad.

A veces, se iba durante la noche, o hasta por algunas semanas, solo para apartarse de las multitudes y unirse a Dios.

Más de una vez leemos historias de Jesús durmiendo y sus discípulos teniendo que despertarlo. Me gusta este Jesús y quiero seguirlo.

Cuando tenía la oportunidad, disfrutaba de una buena y larga comida con amigos con una botella de vino, generando el espacio para conversaciones profundas acerca de los altibajos de la vida.

Practicaba el *sabbat*, todo un día reservado nada más que para descansar y adorar, *semana tras semana*.

Fíjate cómo practicaba la simplicidad, antes de que estuviera de moda, solo con la ropa que llevaba puesta. No hay ninguna historia de Jesús saliendo de compras, yendo al centro comercial a conseguir un nuevo atuendo para su presentación en el templo o buscando en línea un nuevo par de sandalias a pesar de tener quince en casa. No. Él vivía libre y liviano.[5] Libre de toda la insatisfacción y de la distracción que genera tener mucho dinero y cosas que no necesitamos.

Podríamos seguir, pero mi enseñanza es simple: Jesús demostró cómo vivir una vida sin prisa, donde el espacio para Dios y el amor por la gente fueron sus máximas prioridades. Del mismo modo en que le dijo que *sí* al Padre y a su reino, constantemente le decía que *no* a muchas otras invitaciones.

Luego se volteó y dijo: "Síganme".

Otra vez: ¿qué significa seguir a Jesús (o, como yo prefiero decirle, ser discipulado por Jesús)? Es *muy simple*. Significa vivir de la forma en que Él vivió. Tomar su vida y sus enseñanzas como tu plantilla, tu modelo, tu molde.

Esto significa que la pregunta central acerca de nuestro aprendizaje de Jesús es bastante clara: ¿cómo viviría Jesús si fuera yo?

Es decir, Jesús era un rabí judío y soltero que vivió en el primer siglo; no un padre, un contador, un estudiante, un pastor o un luchador profesional del siglo XXI. Por eso tenemos que hacernos la idea y transponernos un poco.

Jesús no era padre; yo sí. Imagino que, si fuese padre de Judas o Moisés, los domingos pasaría mucho tiempo con ellos. Por eso yo lo hago como un acto de mi aprendizaje de Jesús, quien nunca tuvo hijos.

Digamos que eres esposa o madre hace poco. Jesús tampoco era eso, pero la pregunta que te impulse debe ser: ¿cómo lo haría Él?

O digamos que estás trabajando en el desarrollo de un condominio de muchos pisos. ¿Cómo diseñaría Jesús esa comunidad?

Debes captar la esencia.

Creo que para muchos de nosotros la respuesta es que Él disminuiría *mucho* su velocidad.

Aquí estamos hablando de una ley de la vida.

Stephen Covey (famoso por *Los siete hábitos*) dijo que logramos tener la paz interior cuando nuestros planes están alineados con nuestros valores. Esa frase no es de la Biblia, pero supongo que si Jesús la escuchara sonreiría y estaría de acuerdo con ella.

Durante los últimos años ha habido una explosión de parloteo en el mundo de la autoayuda acerca de esta idea de un plan con horarios fijos. Básicamente, debes escribir un día, una semana o un mes ideal en un calendario en blanco. Comienzas con todas tus mayores prioridades: las disciplinas espirituales van primero si eres un seguidor de Jesús, luego dormir, hacer ejercicio, trabajar, jugar, leer, dejar un margen, etc. Y, dentro de lo que sea razonable, te ajustas a eso.

Sin embargo, la mayoría de la gente no se da cuenta de que esta idea no comenzó en el mercado, sino en el monasterio. No nació hace una década, sino hace un milenio. Nació cuando las órdenes monásticas y, muchas veces, las comunidades enteras eligieron convivir en torno a una regla de vida.

Una regla era un cronograma y una serie de prácticas para ordenar la vida en comunidad a la manera de Jesús. Era una forma de evitar ser arrollado por la prisa, las actividades, el ruido y las distracciones de la vida cotidiana. Una forma de desacelerar. Una forma de vivir en lo que realmente importa. Jesús llamó a esto "permanecer".[6] Hablamos de relaciones claves con la familia y la comunidad, de trabajar en la obra que Dios ha puesto delante de nosotros, de cultivar un alma sana. Ya sabes, lo bueno.

No permitas que la palabra "regla" te desanime, especialmente si eres una personalidad de tipo P (perceptivo) en el indicador de Myers-Briggs, y la idea te suena aburrida o legalista. La palabra "regla" viene del latín *regula*, que significa literalmente "barra de madera" (como una regla), pero también se utilizaba para hablar de un enrejado de madera. Piensa en la enseñanza de Jesús en Juan 15 acerca de permanecer en la vid, una de sus enseñanzas más importantes sobre la salud emocional y la vida espiritual. Ahora piensa en un recuerdo agradable degustando un vino. ¿Qué hay por debajo de cada vid floreciente? Un enrejado.

Una estructura que sostiene la planta para que pueda crecer y dar fruto.

¿Ves el panorama de la palabra?

Al igual que un enrejado sostiene una vid, una regla de vida nos ayuda a permanecer. Es una estructura, en este caso un plan y una serie de prácticas, para que la búsqueda central de tu vida sea permanecer. Es una forma de organizar toda tu vida en la práctica de la presencia de Dios: trabajar, descansar, jugar, comer, beber, pasar tiempo con tus amigos, hacer mandados o ver las noticias. *Todo* desde un lugar de disfrute profundo y amoroso de la compañía del Padre.

Si la vid no tiene un enrejado, se muere. Y si tu vida con Jesús no tiene algún tipo de estructura para facilitar la salud y el crecimiento, se marchita.

El seguir a Jesús tiene que convertirse en tu plan y tus prácticas o, simplemente, nunca sucederá. Si no, ser discípulo de Jesús seguirá siendo una idea, pero no una realidad en tu vida.

Pero, este es el problema: muchos estamos demasiado *ocupados* como para seguir a Jesús.

Siempre que enseño una regla de vida y algunas de las prácticas esenciales para vivir con Jesús, escucho las mismas frases:

"Suena genial, solo que no tengo el tiempo".

"Estoy haciendo un posgrado".

"Tengo un trabajo demandante".

"Tengo niños pequeños".

"Estoy entrenando para una maratón".

"No soy introvertido como tú".

Honestamente, son excusas. Y lo entiendo. Vivo en el mismo mundo. ¡Son buenas excusas!

Yo solía sonreír, asentir con la cabeza y dejar que pasara el momento incómodo, pero a medida que he ido creciendo, siento más valor para presionar un poco. A veces, pregunto amablemente: "¿De veras? ¿Cuánto tiempo pasas viendo televisión?" (Esto suele generar otro tipo de momento incómodo). "¿Cuánto tiempo pasas en línea o en las redes sociales? ¿Y de compras?". Yo le sugiero a las personas que hagan un registro de su tiempo durante una semana. Cuando lo hacen, por lo general, se sorprenden al comprobar la cantidad de tiempo que dedican a cosas insignificantes.

Casi todos tenemos tiempo más que suficiente para trabajar, incluso en las etapas más cargadas de la vida. Solo tenemos que redistribuir nuestro tiempo para buscar "primeramente el reino de Dios",[7] no el reino del entretenimiento.

Y en la situación excepcional (porque es *muy* excepcional) de que alguien genuinamente no tenga tiempo para estas prácticas de las que hablaremos en la parte tres de este libro, les digo amablemente que, entonces, están muy ocupados como para seguir a Jesús.

Sin culpa. Sin vergüenza. Nuevamente, no sirve de nada. Simplemente es una apreciación honesta.

La cruda verdad es que seguir a Jesús es algo que se *hace*. Es tanto *una práctica* como una fe. En su esencia, las prácticas de

Jesús se basan en una relación con el Dios al que Él llama Padre, y todas las relaciones llevan tiempo.

Digamos que tu matrimonio no es para nada el ideal. Tu cónyuge viene y te pide que pasen más tiempo juntos, simplemente para disfrutar del otro y ponerse de acuerdo. Digamos que él o ella te pide una cita una vez por semana, treinta minutos de conversación por día y un poco de tiempo los fines de semana. Básicamente, lo mínimo e indispensable para un matrimonio sano.

Si le dices: "Perdón, no tengo tiempo" (mientras le dedicas treinta horas a la semana a cosas como la televisión, internet o tu liga de fútbol favorita), cualquiera con una pizca de sentido común diría: "Sí, lo tienes, solo que estás desperdiciándolo". O, él o ella diría: "Bueno, entonces, estás muy ocupado como para tener un matrimonio. Así que necesitas repensar radicalmente tu agenda o vamos camino al divorcio". Con suerte, defenderías lo primero.

¿Acaso nuestra relación con Jesús es diferente? Obtenemos lo que damos. Esto no es un sentimiento de culpa legalista. Es una *invitación* a la vida que realmente anhelamos, una vida que puede encontrarse únicamente si avanzamos en el mundo codo a codo con Jesús.

Bueno, supongo que llegamos a una encrucijada. Es momento de decidir si avanzas o no. ¿Estás listo para construir un enrejado para tu vid? ¿Estás listo para crear un plan, una práctica (o dos) para hacerle espacio a la vida con Jesús? ¿Estás listo para hacerle espacio al amor, el gozo y la paz de convertirte en tu configuración por defecto?

¿Estás listo para organizar (o reorganizar) tus días para que la vida de Jesús se convierta en tu nueva normalidad?

Intervalo

Espera, otra vez, ¿qué son las disciplinas espirituales?

Antes de pasar a la parte tres, en donde menciono las cuatro prácticas principales que me parecen más útiles para desacelerarnos y experimentar la salud y la vida con Jesús, déjame darte un pequeño resumen de lo que son las prácticas de Jesús (más comúnmente llamadas disciplinas espirituales).

Casi todo lo que sabemos acerca de Jesús viene de los cuatro evangelios. Básicamente, los evangelios son biografías. Gran parte de su contenido son historias, ya que Jesús era un maestro, lo que es un poco extraño. Mateo y Juan tienen la mayor cantidad de enseñanzas por persona, Lucas está en el medio, Marcos no tiene casi ninguna. Pero la mayor parte de las cuatro biografías es la historia, lo que tiene sentido, en realidad.

Piensa en las biografías en general. ¿Por qué las leemos? Normalmente, son celebridades de algún tipo y leemos sus historias de vida no solo para conocer acerca de ellos sino también para volvernos como ellos. (O, tal vez, para asegurarnos de *no* volvernos como ellos). Para imitar sus éxitos o evitar sus fracasos. Al leer acerca de ellos, anhelamos entendernos mejor a nosotros mismos; al leer sus historias, esperamos encontrar nuestro propio sentido.

¿Me sigues? Bien. Esto es bastante claro.

Las biografías están llenas de historias porque, si quieres imitar (o evitar) la vida de Steve Jobs, Barack Obama o (inserta tu biografía favorita), no solo miras lo que él o ella dijo o hizo, sino cómo vivió los detalles de la vida cotidiana. Si eres listo, copias esos detalles, adoptas como propios sus hábitos, su rutina y sus valores, con la esperanza de que eso fomente un resultado similar en tu propia vida ordinaria.

Entonces, si esta persona fue a X facultad de leyes, tú también vas allí. Si leía una hora por día, tú también lo haces. ¿Se saltaba el desayuno? Tú tiras tus bananas. ¿La persona era famosa por tomar una buena siesta por la tarde? Te compras un sofá para tu oficina. Copias todos estos detalles porque sabes que la persona en la que llegarás a convertirte es el efecto acumulativo de miles de detalles pequeños, aparentemente rutinarios o hasta insignificantes que, al final, funcionan como intereses compuestos y forman una vida.

¿Todavía me sigues? Bien.

Esto es lo extraño: *muy pocos seguidores de Jesús leen los cuatro evangelios de esa manera.* Los leemos como ilustraciones lindas para un sermón, como inspiraciones alegóricas o minas de oro teológicas. Nuevamente, no está mal, pero muchas veces nos perdemos el bosque de proverbios por los árboles. Son *biografías*.

Diría que estas historias acerca de los detalles de la vida de Jesús tienen tanto para enseñarnos de la vida en el reino como sus enseñanzas, sus milagros o las historias principales acerca de su muerte y resurrección.

En serio.

Ahora, los ritmos de vida de Jesús o los detalles de su estilo de vida, es a lo que se llamó "disciplinas espirituales". Este término no se encuentra en el Nuevo Testamento y tiene ventajas y desventajas. Desafortunadamente, la mayoría cree que "espiritual" significa "inmaterial", pero las disciplinas espirituales, en realidad, son todos hábitos de tu mente y tu cuerpo. Supongo que "disciplinas del cuerpo y de la mente" ya estaba registrado o algo así. Disciplina. De veras me encanta esta palabra, pero en una era hedonista tiene una connotación negativa para muchas personas. De allí el rechazo hacia las disciplinas espirituales en la Iglesia occidental.[1]

Yo prefiero llamarlas las "prácticas de Jesús". Al comienzo y al final del Sermón del Monte, Jesús dijo que esta forma de vida es algo que tienes que poner en práctica.[2]

Si este nombre suena muy religioso para ti, solo llámalos "los hábitos de Jesús". Así está bien, un lenguaje neutro con el que todos estamos familiarizados.

Sin importar cómo los llames, estos hábitos, prácticas o disciplinas espirituales nos dicen cómo seguir a Jesús. Cómo adoptar su estilo de vida. Cómo hacer espacio para la salud emocional y la vida espiritual. Nuevamente, son los enrejados.

Y, como todos los hábitos, son un medio para llegar a un fin. Aquí es donde la gente religiosa bien intencionada (como yo) se equivoca. Cuando las disciplinas espirituales (la lectura de la Biblia, la oración, el *sabbat*, etc.) se vuelven un fin en sí mismos, es que nos hemos vuelto legalistas. Y allí está la muerte, no la vida.

El fin es vivir al máximo con Jesús. El fin es invertir cada momento del día en el placer consciente de la compañía de Jesús. Invertir toda nuestra vida con la persona más amorosa, alegre y pacífica que haya existido jamás.

Volviendo a la metáfora de los enrejados, el objetivo de un enrejado no es hacer que la vid esté derecha en filas ordenadas, sino más bien obtener una copa de vino rica y profunda. Se trata de hacer un espacio para que la vid crezca y dé fruto.

Y, a diferencia de otros tipos de hábitos, las prácticas de Jesús no son solo ejercicios para que tu mente y tu cuerpo aumenten el músculo de su fuerza de voluntad y cultiven el carácter. Son mucho más que eso: *son la forma en que abrimos nuestra mente y cuerpo a un poder mucho más grande que el nuestro y en que efectuamos cambios.*

Piénsalo, ¿qué es una disciplina? No una espiritual, solo una disciplina en general. Esta es una definición bastante común:

Una disciplina es cualquier actividad que yo puedo hacer con un esfuerzo directo y que me permitirá lograr aquello que, normalmente, *no puedo* hacer mediante un esfuerzo directo.

Por ejemplo, el atletismo (este es el ejemplo más común en el Nuevo Testamento).[3] Supongamos que tú quieres hacer ejercicios levantando tu propio peso, pero no puedes (una situación que entiendo muy bien). No tienes la fuerza ni los músculos para hacerlo. No es que *no puedas* hacerlo, cualquier persona saludable puede. Solo que no puedes hacerlo *aún*. Necesitas obtener más fuerza. Para eso, tienes que entrenar. Entonces, una disciplina es, digamos, una rutina de flexiones de brazos por la mañana. Eso es algo que *puedes* hacer. Comienzas con cinco, luego diez y luego llegas a hacer cincuenta. Al final, mediante la disciplina, te conviertes en la clase persona que puede hacer algo que antes no podía.

Una disciplina es una forma de acceder al poder.

Una disciplina *espiritual* es similar, pero también es diferente. Es similar porque es una "actividad que yo puedo hacer con un esfuerzo directo y que me permitirá lograr aquello que, normalmente, *no puedo* hacer mediante un esfuerzo directo". Es una forma de acceder al poder. Pero es *diferente* porque no solo estás ejercitando tu propia capacidad de hacer lo correcto (lo que llamamos *fuerza de voluntad*), sino que también te estás abriendo a un poder *mucho más grande que el tuyo propio*, el del Espíritu Santo. Estás generando tiempo y espacio para acceder al mismísimo Dios en el nivel más profundo de tu ser.

Esta es la definición de Dallas Willard de una disciplina espiritual:

Las disciplinas son actividades de la mente y el cuerpo iniciadas con un propósito: llevar nuestra personalidad y completo ser a una cooperación efectiva con el orden divino. Ellas nos permiten vivir cada vez más en un poder que está, estrictamente hablando, por encima de nosotros, derivado del reino espiritual mismo.[4]

La fuerza de voluntad no es algo malo; de hecho, recuperarla es crucial para la transformación. Cuando obra la fuerza de voluntad lo hace genial. Solo que, por lo general, no te lleva muy lejos. En especial, al comienzo de tu caminar con Jesús. Ese es el problema.

Sin embargo, mediante las prácticas fundamentadas en la vida de Jesús (prácticas comunes, fáciles y, en mi opinión, que dan vida) obtenemos el acceso a un poder de vida más grande que el nuestro.

Irónicamente, las prácticas casi nunca son mandamientos de Jesús. La única excepción es la oración, que la ordena muchas veces. Aunque puedes debatir si la oración es o no una práctica, en efecto es la meta final de toda práctica si definimos a la oración como el conocimiento de Dios y la conexión con Él.

Pero Jesús nunca ordenó que te despiertes en la mañana y que tengas un tiempo en quietud, que leas tu Biblia, que vivas en comunidad, que practiques el *sabbat*, que des tu dinero a los pobres o cualquiera de las prácticas centrales de su vida.

Él solo *pone todo esto en práctica* y luego dice: "Síganme".

Como dijimos antes, muchos académicos dicen que la mejor traducción para el lenguaje original de Jesús es: "sean discipulados por mí". Esta es otra opción: "copien los detalles de mi vida. Tomen el modelo de mi vida diaria como propio".

Jesús no está en contra de los mandamientos ni mucho menos. Pero para Jesús, el liderazgo no se trata de extorsionar y controlar, sino de ser ejemplo e invitar. Él no nos mandó a seguir sus prácticas, no nos dio lecciones acerca de cómo hacerlo ni dio talleres los sábados por la mañana para desarrollar tu propia regla de vida. Él simplemente dio el ejemplo de una nueva forma de "llevar la vida". Luego se volteó y dijo: "si están cansados de la forma en que han vivido y quieren descanso para sus almas, entonces vengan, tomen el yugo fácil y copien los detalles de mi vida".

De acuerdo, esas son las prácticas. ¿Aún estás ahí? Ahora estamos listos para concentrarnos en el yugo fácil.

Tercera parte

Cuatro prácticas para desacelerar tu vida

Silencio y solitud

Tengo la suficiente edad para recordar algo que en los años 90 llamábamos "aburrimiento".

¿Les suena?

Ustedes, los nativos digitales, no tienen idea de lo que hablo. *¿Aburrimiento? ¿Es como cuando hay mala conexión de wifi y el inicio de Instagram tarda más de dos segundos en cargarse?* Pues, algo así, pero multiplicando ese sentimiento por, bueno, *mucho más.*

Si naciste después de, digamos…, 1995, entonces realmente no puedes recordar un momento en el que el infinito no estuviera al alcance de tu bolsillo. Pero yo sí puedo.

Hubo una época en la que uno viajaba por el país, hacia Minnesota, por ejemplo, y terminaba su libro antes de lo esperado, y entonces solo se quedaba mirando por la ventana sin *nada* que hacer.

En ocasiones esperabas en fila en tu cafetería preferida, con cinco personas delante tuyo, y nada más te quedabas allí parado. Los extrovertidos en la fila iniciaban una conversación. Los introvertidos sonreíamos y asentíamos con la cabeza pensando en secreto: ¿Por qué razón, querido Dios, me habla este completo extraño?

¿Alguno se acuerda de esto? ¿De esperar el autobús; quedarte atrapado en el tráfico; estar sentado en el cine mucho antes de que inicie la película; quedarse al fondo de una clase de ciencia política muy poco interesante, sin nada para hacer más que vagar mentalmente por un infinito reino de posibilidades?

Y aunque es fácil sentimentalizar algo tan tonto como el aburrimiento, ninguno de nosotros, sinceramente, quiere volver al mundo predigital. Somos más eficientes que nunca. En mi caso, hago más cosas en menos tiempo del que jamás podría haber soñado una década atrás.

Sin embargo, una vez más, hay ventajas y desventajas. Ahora tenemos acceso al infinito a través de nuestro nuevo yo cibernético, lo cual es grandioso, pero también hemos perdido algo crucial. Todos esos momentos de aburrimiento eran potenciales portales a la oración. Pequeñas oportunidades a lo largo del día para despertarnos a la realidad de Dios que nos rodea. Momentos para despertar a nuestra propia alma, para llamar la atención de nuestra mente (y con ello nuestra devoción) hacia Dios, para salir de la droga de la prisa y regresar al hogar de la conciencia.

Ahora todos esos pequeños momentos se han ido, devorados por el carnívoro digital. El instante en que sentimos apenas una pizca de aburrimiento, estiramos la mano y buscamos a nuestros apéndices, los teléfonos móviles. Entonces, chequeamos nuestras fuentes de noticias, respondemos algún correo electrónico (hacemos *clic* en responder todos), leemos un tuit acerca de otro tuit de Donald Trump sobre quién sabe qué, nos fijamos en cómo estará el clima el jueves, buscamos un nuevo par de zapatos, y, naturalmente, nos lucimos un rato en el juego *Candy Crush*.

Una encuesta de Microsoft halló que el 77 % de los jóvenes adultos respondieron con un "sí" a la pregunta: "Cuando nada ocupa mi mente lo primero que hago es buscar mi teléfono móvil".[1]

"Pero ese *no soy yo*".

Sí, eres tú.

El único lugar donde prácticamente podemos estar solos con nuestros pensamientos es en la ducha, y es solo cuestión de tiempo hasta que nuestros dispositivos se vuelvan a prueba de agua, lo cual, imagino, desembocará en el apocalipsis.

Me permito despotricar brevemente de esta forma para dejar en claro que esto tiene profundas implicaciones en nuestro aprendizaje sobre Cristo y nuestras experiencias (o falta de ellas) respecto a la vida que Él tiene para ofrecernos. ¿Cómo así? Es simple: esta nueva forma de distracción digital acelerada nos está robando la posibilidad de estar presentes.

Presentes con Dios.

Presentes con las personas.

Presentes frente a todo lo que es bueno, bello y verdadero en nuestro mundo.

Incluso presentes en nuestra propia alma.

Una vez más, Andrew Sullivan, en su manifiesto por el silencio en una era de ruido, escribió esto:

> Hay libros por leer, paisajes por recorrer, amigos con quienes estar, vida para ser vivida plenamente… La debilidad específica de nuestra civilización es esta nueva epidemia de distracción, y su amenaza no es tanto para nuestras mentes, aun cuando estas cambian de parecer bajo la presión. La amenaza es para nuestra alma. A este ritmo, si el ruido no cesa, podríamos incluso olvidar que tenemos alma.[2]

El ruido del mundo moderno nos hace sordos a la voz de Dios, sofocando el aporte que más necesitamos.

Quiero decir, ¿cómo podemos tener algún tipo de vida espiritual si no podemos prestar más atención que un pez en el agua? ¿Cómo hacemos para orar, leer las Escrituras, permanecer sentados durante una enseñanza en la iglesia o descansar bien en el *sabbat*, cuando en cada oportunidad que se presenta tomamos nuestro dispensador de dopamina, el teléfono móvil?

Volviendo a citar al obispo católico y crítico social Ronald Rolheiser: "Nos distraemos en esta inconciencia espiritual".[3]

Ya he despotricado lo suficiente.

Ahora, una pregunta: ¿existe alguna práctica en la manera de vivir de Jesús que nos pueda ayudar con esto? ¿Un tipo de arte sometido a la prueba en el tiempo, o una disciplina espiritual, si se prefiere, que pueda prepararnos para prosperar en medio del caos de la sociedad moderna?

La respuesta es sí, absolutamente. De hecho, hay varias. Hablaremos de mis cuatro prácticas preferidas para desacelerar la vida. Comencemos con las que considero más importantes: el silencio y la solitud.

Jesús y el lugar tranquilo

Vayamos al inicio.

Al final de Mateo 3 hay una historia fascinante sobre el bautismo de Jesús. Cuando ascendió del agua, se escuchó literalmente una voz desde el cielo que decía: "Este es mi Hijo amado; estoy muy complacido con él".[4] Esto es más que un impulso emocional. Incluso más que un impulso espiritual. Es la plataforma de lanzamiento desde donde Jesús es enviado al mundo.

Sin embargo, en el siguiente renglón leemos esto:

Luego el Espíritu llevó a Jesús al desierto para que el diablo lo sometiera a tentación. Después de ayunar cuarenta días y cuarenta noches, tuvo hambre. El tentador se le acercó…[5]

Observa que lo primero que Jesús hace luego de su bautismo es encaminarse directamente al desierto.

Desierto aquí no significa necesariamente arena y calor. La palabra griega es *eremos*, y tiene una amplia gama de significados. Se puede traducir como:

- desierto
- lugar desierto
- lugar desolado

- lugar solitario

- lugar tranquilo (mi favorito)

- yermo

Hay muchas historias en los cuatro evangelios sobre la relación de Jesús con el *eremos*, pero esta es la primera de ellas, y quiero que la veas porque es el punto de partida de su ministerio y misión. Aunque es una historia extraña, ¿verdad? ¿Te ha pasado que lees esa línea: "Luego el Espíritu llevó a Jesús al desierto para que el diablo lo sometiera a tentación" y piensas: *¿qué querrá decir eso?*

Quiero decir, si has estado leyendo la Biblia desde Génesis hasta Mateo, entiendes que Jesús tiene que enfrentarse cara a cara con el diablo. El protagonista debe enfrentarse al malvado para acabar con todos los malvados. El mal debe ser derrotado. Eso se entiende.

Sin embargo, ¿por qué en el desierto? ¿Por qué solo? Y, ¿por qué luego de cuarenta días de ayuno, cuando tiene hambre?

Por años esta historia no tuvo sentido para mí porque pensaba en el desierto como un lugar de *debilidad*.

Lo interpretaba de esta manera: ¿No es eso tan típico del diablo? ¿Atacarnos al final de un largo día o semana, cuando estamos hambrientos o en nuestro peor momento?

No obstante, me di cuenta de que era al revés.

El desierto no es el lugar de debilidad, es el lugar de fortaleza.

Jesús fue llevado por el Espíritu al desierto porque era allí, y únicamente allí, que Él estaba en el punto máximo de sus poderes espirituales. Fue solo después de un mes y medio de ayuno y oración en un lugar tranquilo, que Él tuvo la capacidad de enfrentarse al mismo diablo y salir ileso.

Es por eso que, una y otra vez, vemos a Jesús regresar al *eremos*.

Tomemos como ejemplo Marcos 1. El capítulo 1 de Marcos es esencialmente un largo capítulo sobre el primer día de trabajo de Cristo como Mesías. Fue un día de maratón: se levantó temprano, enseñó en la sinagoga, luego sanó a la suegra de Pedro durante el almuerzo y se quedó hasta tarde sanando a los enfermos y endemoniados. Debe haber estado más que agotado.

Sin embargo, a continuación leemos lo siguiente:

> Muy de madrugada, cuando todavía estaba oscuro, Jesús se levantó, salió de la casa y se fue a un lugar solitario (*eremos*), donde se puso a orar.[6]

Uno creería que Jesús se habría quedado durmiendo un poco, habría salido a correr en la mañana y luego habría tenido un *brunch* con sus discípulos. Nada mejor para una recuperación postdominical que unos huevos rancheros.

Pero no; en lugar de eso, Jesús se levantó temprano y salió hacia su lugar de quietud.

Aclaremos algo: Jesús fue a su lugar de tranquilidad por un mes y medio. Regresó a Cafarnaúm para un día de actividad ajetreada. Luego volvió a ir directamente al *eremos* a orar.

Eso quiere decir que su lugar de quietud no era algo que sucedió una sola vez. Era una parte constante de su ritmo de vida.

Pero la historia no termina allí:

> Simón y sus compañeros salieron a buscarlo. Por fin lo encontraron y le dijeron: Todo el mundo te busca.[7]

Aquí va mi paráfrasis:

> Jesús, ¿dónde has estado? Estuviste fantástico ayer. Se corrió la voz. *Vogue* está llamando para una entrevista. *TMZ* [un canal y sitio web estadounidense de *paparazzis* y celebridades] está esperando escondido fuera de la casa de Pedro. #Jesús es tendencia. Te necesitamos de vuelta cuanto antes.[8]

Y ¿qué respondió Jesús?

> Vámonos de aquí a otras aldeas cercanas donde también pueda predicar; para esto he venido.[9]

Eso es un *no*.

Ten en cuenta que Jesús salió del desierto con total claridad sobre su identidad y su llamado. Tenía buen fundamento. Estaba centrado, conectado con Dios y con Él mismo. Desde ese lugar de equilibrio emocional y alivio espiritual, supo exactamente a qué debía decirle que sí y, lo que es igual de importante, a qué decirle no.

Por lo tanto, a medida que avanzan los evangelios, rápidamente te das cuenta de que el lugar de quietud era una máxima prioridad para Jesús.

Hay una historia en el capítulo 6 de Marcos donde los discípulos estaban muertos de cansancio después de unas semanas de trabajo para el reino. Leemos que:

Y, como no tenían tiempo ni para comer, pues era tanta la gente que iba y venía, Jesús les dijo...[10]

¿Alguna vez te sentiste así? Los que son padres deben estar pensando: *todos los días*.

A estos aprendices demasiado ocupados y cansados fue que Jesús les dijo:

Vengan conmigo ustedes solos a un lugar tranquilo (*eremos*) y descansen un poco.[11]

Esta es la traducción:

Lo que realmente necesitan no es una cerveza o una salida nocturna al cine. Lo que realmente necesitan es tiempo a solas conmigo. Pero para lograr eso, necesitamos alejarnos de todo el ruido y de las personas.

Así que:

Se fueron solos en la barca a un lugar solitario.[12]

Suena genial. Tiempo a solas con Jesús en un *spa* a orillas del Mar de Galilea. ¿A alguno le apetece té orgánico? Desafortunadamente, no es así como termina la historia.

En las próximas líneas leemos:

Pero muchos que los vieron salir los reconocieron y, desde todos los poblados, corrieron por tierra hasta allá y llegaron antes que ellos. Cuando Jesús desembarcó y vio tanta gente, tuvo compasión de ellos, porque eran como ovejas sin pastor. Así que comenzó a enseñarles muchas cosas.

> Cuando ya se hizo tarde, se le acercaron sus discípulos y le dijeron: Este es un lugar apartado y ya es muy tarde.[13]

Me encanta el realismo de esta historia. Hay momentos en los cuales lo que realmente necesitas es tiempo a solas con Jesús, pero bueno, la vida transcurre. Las personas pasan. Decides separar un día para tomarte el *sabbat* u orar o simplemente tomarte una noche libre sin plan alguno, pero entonces recibes un mensaje de texto de tu jefe, con una pequeña crisis en tu trabajo. Tu pequeño de dos años se traga una pieza de Lego. Buscas en Google la sala de emergencia más cercana. Tu compañera de cuarto tuvo un mal día y le vendría bien conversar al respecto. Dos horas después sigue llorando. Miles de personas están golpeando tu puerta de entrada pidiendo que los sanes y les enseñes acerca del reino de Dios porque consideran que eres el Mesías tan esperado. Ya sabes, cosas de la vida cotidiana.

¿Te suena familiar? ¿Alguna vez has sentido que, por más que lo intentes, simplemente no puedes conseguir un tiempo para descansar? Estás en buena compañía con Jesús a solas.

No obstante, una vez más, ese no es el fin del relato. Una lonchera de un niño y cinco mil almuerzos después, leemos lo siguiente:

> En seguida Jesús hizo que sus discípulos subieran a la barca y se le adelantaran al otro lado, a Betsaida, mientras Él despedía a la multitud. Cuando se despidió, fue a la montaña para orar. Al anochecer… Jesús estaba en tierra solo.[14]

Solía leer el final de esta historia y pensar: *Vaya, ¡Jesús es tan espiritual que se queda despierto toda la noche orando!* Y lo era. Sin embargo, considera por qué se quedó despierto toda la noche orando. Es porque fue el único momento que pudo encontrar para estar solo en quietud. Estaba tan ocupado que, literalmente, no tenía un instante a solas en todo el día. Así que lo único que pudo hacer fue enviar a sus aprendices lejos y quedarse despierto toda la noche en una montaña. (La palabra *eremos* no se usa aquí, pero la cima de una montaña a medianoche encaja perfectamente con la definición). Él sabía que pasar tiempo a solas con el Padre era mucho más importante que dormir.

Y aún no hemos llegado al evangelio de Lucas.

En Lucas, Jesús acudió a su lugar de tranquilidad no menos de nueve veces. Contaré una historia más y luego me detendré. Lo prometo. Esta es de Lucas capítulo 5:

> Sin embargo, la fama de Jesús se extendía cada vez más, de modo que acudían a él multitudes para oírlo y para que los sanara de sus enfermedades.

Que la muchedumbre golpeara en la puerta de Jesús era algo cotidiano. Pero mira el versículo siguiente:

> Él, por su parte, solía retirarse a lugares solitarios para orar.[15]

En griego, la frase "lugares solitarios" es… Bueno, supongo que ya debes saberlo a estas alturas.

Me encanta esto. Jesús "solía retirarse". Eso quiere decir que se escapaba a menudo. Veía valor en escabullirse e irse a orar de manera frecuente. Era un hábito común en su repertorio.

En el caso particular del evangelio de Lucas, puedes trazar la vida de Jesús en dos ejes: aquel en el que se hacía más famoso, más demandado y ocupado; y aquel en el que cada vez se apartaba más a su lugar de quietud para orar.

Por lo general, es completamente lo opuesto para nosotros. Cuando estamos sobrecargados en una vida frenética y la gente compite por nuestro tiempo, nuestro lugar solitario es lo primero en desaparecer, en vez de ser *el primer lugar* al que acudimos. Lo primero en irse, es el tiempo donde sin prisas nos sentamos calmadamente con Dios. Para orar. Para leer un salmo. Para hacer un inventario interior. Para dejar que nuestras almas se sincronicen con nuestros cuerpos.

En las temporadas de activismo precisamos *más* tiempo en el lugar de quietud, no menos. Definitivamente, no menos. Y si estás revisando tu archivo de excusas ahora (soy una madre a tiempo completo, tengo un trabajo demandante que inicia muy temprano, soy extrovertido, tengo TDAH, etc.), frena un minuto. Piensa en esto: *Jesús* necesitaba su tiempo en un lugar solitario.

Lo repito, *Jesús* necesitaba ese tiempo.

Y una cantidad suficiente.

¿Y tú piensas que no lo necesitas?

Silencio y solitud

Con los años esta práctica de Jesús ha pasado a llamarse "silencio y solitud".

Aunque suene simple, hay mucha profundidad en esta práctica.

Hablaré sobre cada parte.

En primer lugar, el silencio.

Hay dos dimensiones del silencio, una *externa* y una *interna*.

El silencio externo se explica por sí mismo: es la falta de ruido. Es no tener música en tus auriculares. No tener la televisión encendida, ni siquiera de fondo. Es no tener a ese compañero de alquiler jugando al famoso videojuego *Fortnite* en el pasillo. Ningún niño gritando: "Packie, Packie Packie" (Packie es un personaje de juego de teléfono móvil). Es no hablar con tu madre por teléfono mientras vacías el lavaplatos. Es cuando te levantas temprano y pasas tiempo en la naturaleza o en tu cuarto, y tan solo hay quietud. Cuando tus oídos zumban con el estruendo del silencio.

El silencio es una disciplina espiritual en sí misma. Un milenio y medio atrás, el teólogo africano San Agustín afirmaba que entrar en silencio es "entrar en gozo".[16]

Estoy escribiendo este capítulo desde Melbourne, Australia. Pasé los últimos días enseñando con una agenda repleta y fue genial, muy divertido, pero *bullicioso*, con mucha gente, actividades y constante estímulo. Naturalmente, esta mañana amanecí extremadamente cansado. Pero gracias al desfase horario también me desperté temprano y tuve tiempo para salir a correr antes de ir a la iglesia. Corrí a lo largo del río Yarra en los Jardines de Fitzroy, que me recuerdan a otro jardín, el Edén. No había nadie en el parque. Solo yo, el río, una ligera brisa jugando con los árboles de eucalipto sobre mi cabeza… y Dios. Aproximadamente veinte minutos después de que comencé a correr, sentí que mi alma se despertaba. La presencia de Dios ya no era una idea en mi cabeza sino una experiencia sentida. Me rodeaba, estaba *en mí*.

Y yo no estaba siquiera orando, mucho menos leyendo la Biblia o haciendo algo intencionalmente espiritual. Hubo algo en la quietud. La quietud es un tipo de bálsamo para la sanidad emocional. Más aún, es una puerta abierta a la vida espiritual. Como lo dijo de manera tan bella San Juan Clímaco, el monje sirio del siglo VI que pasó la mayor parte de su vida orando en el monte Sinaí: "El amigo del silencio se acerca a Dios".[17]

Nadie jamás dijo lo mismo sobre el ruido. De hecho, C. S. Lewis, en su obra maestra de la sátira, *Las cartas del diablo a su sobrino*, muestra a los demonios yendo en contra del silencio, ya que lo ven como una amenaza para su causa (arruinar el alma del cristiano). El demonio mayor, Escrutopo, llama al reino del diablo "el Reino del Ruido" y sentencia: "Haremos del universo entero un ruido, al final".[18]

¿Podría ser esa la razón por la cual permitimos tanto ruido en nuestras vidas?

¿O será otra cosa?

¿De dónde viene este extraño impulso de prender la radio ni bien nos subimos a nuestros autos? ¿O de escuchar siempre música de fondo? ¿O de tener la televisión encendida mientras preparamos la cena? ¿O de escuchar pódcasts mientras hacemos ejercicio?

Por más fácil que sea culpar al diablo, ¿puede ser que usemos el bullicio externo para ahogar el *interno*?

Esto es lo que quiero decir con ruido interno: la conversación en nuestra mente que nunca se calla. El comentario continuo que tenemos en la cabeza sobre *todo*. La reproducción mental de esa discusión que tuvimos con un amigo una y otra vez. Nuestros pensamientos lujuriosos relacionados con ese o esa joven que vimos en la calle. Nuestras fantasías, y no solo las sexuales; también nuestras fantasías de venganza, cuando nos imaginamos diciendo esto o aquello a nuestros enemigos de elección. Nuestra preocupación que aplasta nuestra paz y gozo con el martillo del

"¿y si...?". La obsesión por escenarios hipotéticos, jugar a repartir roles en el futuro, pensar en las catástrofes. Idealizar. Soñar con la vida perfecta, lo que a su vez contamina nuestra vida real.

El desorden en nuestras mentes es como el de un acumulador mental, encerrado en su propia habitación, que es una prisión construida por él mismo. Algunos de nosotros nos sentimos atrapados en los patrones tóxicos y malsanos de nuestra propia mente.

El ruido externo es fácil de silenciar. Tan solo apaga tu celular. Baja el volumen del estéreo. Acuéstate en tu sofá o camina en el parque. O reserva una noche en alguna cabaña cercana. O hasta ve a un monasterio. Es fácil.

Pero ¿y el ruido interno? Ese es un animal completamente distinto. Es una bestia salvaje que necesita desesperadamente ser domesticada. No hay interruptor que lo apague.

Cuando hablo del silencio, me refiero a que puedes callar *ambos* ruidos.

De manera que eso es el silencio.

Ahora hablemos de la solitud.

Una vez más, la solitud es bastante sencilla. Es cuando estas a solas: con Dios y con tu propia alma.

Para dejar bien en claro, con *solitud* no me refiero al aislamiento. Ambos son dos mundos apartes.

La solitud es compromiso; el aislamiento es escape.

La solitud es seguridad; el aislamiento es un peligro.

La solitud es cómo nos abrimos a Dios; el aislamiento es pintarnos un blanco en la espalda para atraer las saetas del tentador.

La solitud es cuando te haces un tiempo para alimentar, dar de beber y nutrir tu alma. Es dejarla crecer en salud y madurez. El aislamiento es lo que anhelas cuando la descuidas.

Y la solitud, por muy sombría que suene, es todo menos soledad. En su obra maestra *Celebración de la disciplina*, Richard Foster escribió: "La soledad es sentir un vacío interior. La solitud es sentir la realización interior".[19] En la solitud estamos todo menos solos. De hecho, es donde la mayoría de nosotros se siente *más* conectado a Dios.

Como dijimos anteriormente, uno de los grandes problemas de la espiritualidad en nuestros días —que pocas personas se sienten lo bastante cómodas como para admitir— es lo separados que nos sentimos de Dios. Rara vez experimentamos la presencia de Dios a lo largo de nuestro día. "Amor, paz y gozo" no describen la experiencia de muchos cristianos. A menudo acudimos a la iglesia esperando un toque de Dios, un momento fugaz de conexión con Él antes de regresar al páramo secular.

¿El antídoto para este malestar espiritual podría ser tan "sencillo" como el silencio y la solitud?

Si nuestra teoría es correcta y nuestro problema tiene que ver más con nuestra ausencia que con la suya, con nuestra distracción que con su desconexión de nosotros,[20] entonces la solución es bastante simple: crear un ambiente de atención y conexión con Dios. Y para eso no conozco un mejor lugar que el *eremos*.

Por qué esto es cuestión de vida o muerte

A lo largo de la historia de la iglesia, la mayoría de los estudiosos sobre el estilo de vida de Jesús concuerdan en que el silencio y la solitud son las más importantes de todas las disciplinas espirituales.

Henri Nouwen lo dijo sin rodeos, aunque de forma elocuente:

> Sin solitud resulta prácticamente imposible llevar una vida espiritual… No tomamos la vida espiritual con seriedad si no separamos un tiempo para estar con Dios y escucharlo.[21]

Ten en cuenta que no hay matices. No hay excepciones a la regla. No hay una historia con autocrítica para suavizar el golpe. Él es honesto: si no apartas tiempo para estar a solas con Dios, tu relación se marchitará en la vid.

Una vez más, esto tiene sentido. Tu relación con Dios no es diferente a cualquier otra, requiere de tiempo juntos y a solas. ¿Qué sería de mi matrimonio si Tammy y yo no estuviéramos jamás a solas? ¿Si no tuviéramos momentos para hablar en privado, compartir nuestros más profundos y oscuros secretos, nuestros sueños, nuestros miedos? ¿Si no pudiéramos hacer el amor? ¿O simplemente *estar* a solas, hombro a hombro? Obviamente nuestro matrimonio lo padecería, si es que no moriría completamente. Lo mismo aplica a tu relación con Dios. Incluso a tu propia alma.

Hay un dicho en la literatura para padres: "Los niños deletrean amor con 6 letras: T-I-E-M-P-O". Hay una verdad en ello, y no solo para los padres o los hijos. Si amas a Dios Padre y quieres una relación viva y próspera con Él en la que experimentes su presencia durante todo el día, entonces necesitas sacar tiempo para estar a solas con Él. Punto final. Y el tiempo en las relaciones es bastante ineficiente. Es errático. Pasas un día entero juntos, pero es solo una conversación lo que recuerdas, un comentario al pasar que lo cambia todo.

Nouwen una vez le pidió a la Madre Teresa de Calcuta dirección espiritual. Buscó su sabia opinión, ya que estaba lidiando con problemas en su alma. Imagínate a uno de los más grandes seguidores de Jesús del siglo XX pidiéndole a una santa un pequeño consejo sobre cómo seguir a Jesús. ¡Cómo me hubiese gustado ser una mosca en la pared para escucharlo!

¿Sabes lo que ella le respondió?

Bueno, si pasas una hora por día adorando a tu Señor y nunca haces algo que sabes que está mal... ¡vas a andar bien![22]

Tan, tan simple. Dos prácticas muy sencillas. Solo toma una hora al día para disfrutar de Dios. ¡Ah!, y no hagas nada que sepas que esté mal.

Así que antes de que me descartes y vuelvas a tu ruidosa vida —y, debo añadir, antes de que descartes a la Madre Teresa, a Henri Nouwen y a Jesús, quienes seguramente tienen mayor peso que tú—, simplemente ten en cuenta lo que está en juego.

Cuando *no* practicamos este hábito de cuidar del alma, como lo hacía Jesús, cosechamos las consecuencias:

- Nos sentimos distantes de Dios y terminamos viviendo de la espiritualidad de otra persona, a través de una transmisión de contenido audiovisual, un libro o un devocional de una página que leemos antes de salir apurados al trabajo.

- Nos sentimos distantes de *nosotros* mismos. Perdemos de vista nuestro llamado e identidad. Somos traccionados por la tiranía de lo urgente y no de lo importante.

- Sentimos una corriente de ansiedad que rara vez, si es que lo hace, desaparece. Este sentimiento de que *siempre* estamos atrasados, siempre jugando a ponernos al día y nunca terminamos.

- Entonces nos agotamos. Nos despertamos y lo primero que cruza nuestra mente es: ¿*Ya es hora*? *No veo la hora de volver a la cama*... Nos arrastramos en los días posteriores, con energía de baja duración prestada por los estimulantes que elegimos. Incluso cuando logramos ponernos al día con nuestro sueño, comenzamos a sentir un tipo más profundo de cansancio.

- Así es que recurrimos a nuestros escapes de elección. Nos quedamos sin energía para hacer lo que verdaderamente da vida a nuestras almas, por ejemplo, la oración. En su lugar acudimos a una solución barata: otra copa de vino, un nuevo programa de entretenimiento en línea, nuestras redes sociales, la pornografía.

- Nos convertimos en presa fácil para el tentador. Profundizamos el sentimiento de distancia con Dios y con nuestra propia alma.

- Entonces aparece la falta de salud emocional. Comenzamos a vivir en la superficie de nuestra vida, no en el centro. Nos volvemos reactivos. La cosa más pequeña se vuelve un disparador: una frase lanzada al paso por el jefe, un comentario sarcástico de un compañero de trabajo, una sugerencia del cónyuge o de la persona con quien convivimos. No se requiere mucho para hacernos perder los estribos. Les gritamos a nuestros niños. Nos ponemos

a la defensiva. Nos disgustamos. Nos enojamos o entriste-
cemos, o a menudo ambos.

Estas son las señales y los síntomas de una vida sin silencio y
solitud. Por el contrario, esta es la alternativa:

- Hallar nuestros lugares de quietud —un parque cercano,
  un rincón de lectura en casa, una rutina matutina que
  comience antes de que los niños se despierten— y "apar-
  tarnos".[23]

- Tomar nuestro tiempo. Quizás no sea una hora completa,
  pero podemos estar el suficiente tiempo como para
  descomprimirnos de todo el ruido, el tráfico y estrés y la
  estimulación constante de la sociedad moderna. A veces,
  lo único que precisamos son unos minutos. Otras veces,
  una hora no es suficiente. Y en ocasiones, nos conformamos y agradecemos por lo que podamos obtener.

- Desacelerarnos. Respirar. Volver al presente.

- Comenzar a sentir. Al principio podemos sentir toda la
  gama de emociones humanas —no solo gozo y gratitud y
  alabanza y descanso, sino también tristeza y duda, enojo
  y ansiedad. Por lo general, siempre comienzo sintiendo las
  emociones más feas, así es como yo funciono.

- Enfrentar lo bueno, lo malo y lo horrible dentro de nuestros
  corazones. Enfrentar nuestra preocupación, nuestra depresión, nuestra esperanza, nuestro deseo de Dios, *nuestra
  falta de deseo de Él*, nuestro sentido de su presencia,
  nuestro sentido de su ausencia, nuestras fantasías, nuestras realidades. Enfrentar todas las mentiras que creemos y
  la verdad que llegamos a descubrir. Nuestras motivaciones
  y nuestras adicciones. Y también los mecanismos que
  creamos para encarar la realidad y atravesar la semana

como sea. Todo esto sale a la luz de manera dolorosa. Sin embargo, en lugar de filtrarse con quienes más amamos, es expuesto en el lugar seguro del amor y la voz del Padre.

- Sentir en nuestros oídos su voz atravesando la cacofonía de las demás voces, que lentamente se desvanecen ante el ensordecedor rugido del silencio. En ese silencio oímos a Dios hablar de su amor por nosotros. Con su palabra revive nuestra identidad y llamado. Comprendemos cuál es su perspectiva sobre la vida y qué humilde lugar ocupamos en ella.

Así llegamos a un lugar de libertad. Nuestros fracasos poco a poco pierden su dominio sobre nosotros. Nuestros logros también. Escapamos de la tiranía de las opiniones de los demás, de su aprobación o desaprobación. Nos sentimos libres para ser simplemente nosotros: ese paquete mixto que somos. Únicamente hijos que están con su Padre. Adoptados en amor. Libres para estar en un proceso, para ser productos no terminados, y eso está bien. En el silencio y la soledad nuestras almas vuelven a casa. Eso quiso decir Jesús cuando nos pidió "permanecer".[24] Él se refería a un hogar (en inglés permanecer o acatar, *abide*, viene de *abode,* que significa "morada"). Es el lugar de descanso. Regresamos a nuestros lugares de descanso para el alma. También es lo que Thomas Kelly llamó "el núcleo de la paz y el poder sin prisa".[25]

De la manera en que yo lo veo, tenemos dos opciones.

Opción A: descuidar esta práctica, inventarnos excusas, dejarnos arrastrar por la vida acelerada, y enfrentarnos a la falta de salud emocional en el mejor de los casos, y la "inconsciencia espiritual" en el peor de ellos.

O la opción B: recuperar esta práctica antigua pero oportuna y experimentar la vida de Jesús.

El mundo entero habla de esto ahora. No puedes hacer dos pasos en una librería o examinar TED.com sin escuchar todo el bullicio que hay en torno a la atención plena (*mindfulness*). Atención plena es la forma del mundo secular de decir silencio y solitud. Es la misma cosa, solo que sin la mejor parte: Jesús. Generalmente se dice que la atención plena es un derivado del budismo, actualizado mediante una técnica secular de psicoterapia. Pero hay razones sólidas para afirmar que fue más Jesús que Buda. Fue más el Sermón del Monte que el *Siddhartha*. Fue más Santa Teresa de Ávila que Thich Nhat Hanh. Aunque por supuesto, nuestra cultura del poscristianismo ha sido reaccionaria ideológicamente contra la fe cristiana, de tal manera que el budismo está de moda (lo cual es conveniente, ya que esencialmente es una religión sin Dios) y Jesús no. Sin embargo, los seguidores de Jesús hemos estado haciendo esto por miles de años, solo que lo denominamos *oración, meditación o contemplación.* Tenemos dos milenios de tradición y sabiduría y mejores prácticas para aprovechar.

Una vez más, Andrew Sullivan escribió lo siguiente:

> La modernidad ha debilitado lentamente a la espiritualidad en favor del comercio, por designio y por accidente; subestimó al silencio y a la mera existencia y empoderó al ruido y la acción constante. La razón por la cual vivimos en una cultura cada vez más escéptica a la fe no es porque la ciencia haya refutado lo indemostrable, sino porque el ruido del secularismo ha eliminado la tranquilidad y quietud en la cual la fe podría perdurar o renacer...
> Si las iglesias llegaran a comprender que la mayor amenaza a la fe hoy no es el hedonismo sino la distracción, quizás

comiencen a volver a atraer a una generación digitalizada que está agotada.[26]

¡Conciudadanos míos de una "generación digital agotada", vayamos con la opción B!

Por supuesto que esto suena más fácil de lo que es en realidad. La mayoría de las personas encuentran muy difícil llevar a cabo esta práctica, y no solo los extrovertidos. Muchos dirían que es la más complicada y radical de todas las prácticas. (Ten en cuenta la parte en la que se asoman todas esas emociones de las cuales has estado intentando huir).

Y, sin embargo, es tan sencillo que simplemente te tomas un poco de tiempo cada día para estar a solas con Dios y contigo mismo. Idealmente agregas períodos más largos en los días de reposo (lo veremos en el capítulo siguiente) o un retiro periódico. Pero se trata más de descansar que de trabajar, de *no* hacer que de hacer, de restar y no de sumarnos actividad. Es "fácil" y (como suele suceder con este tipo de prácticas) nos *facilita* la vida.

Crecí con una tradición eclesiástica en la cual comenzábamos nuestros días con un tiempo de quietud. Al inicio del día, apartábamos una buena cantidad de tiempo para dedicarnos a las cosas de Dios. Por lo general eso incluía un café. Normalmente leíamos la Biblia y le pedíamos a Jesús que hiciera algunos cambios en nuestra vida. Confesábamos nuestras meteduras de pata, nuestras necesidades, nuestros dolores. A veces simplemente permanecíamos sentados. A solas. En silencio. Con Dios. Con nuestra alma.

¿Por qué ya nadie habla de esto? O cuando lo hacen, ¿por qué la gente se burla de ello o lo considera algún tipo de resaca legalista que nos quedó del fundamentalismo cristiano?

Tengo un secreto. No me juzgues. Aún practico mi tiempo a solas.

Todos los días.

No me lo perdería por nada en el mundo. Sin dudas suele ser la *mejor* parte de mi día. Y ni siquiera soy una persona mañanera.

Digo que volvamos a poner de moda el tiempo de quietud. Disfrutémoslo como lo hacíamos en 1999.

Celebro el día que iniciaré mañana a las seis en punto. Una taza de café. La silla junto a la ventana que da al árbol de mi casa. Hora de respirar. Algún salmo y alguna historia de los evangelios. Escucharé la voz del Padre. Derramaré mi corazón. Quizás solo permanezca sentado, reposando. Tal vez escuche una palabra de Dios que alterará mi destino, o simplemente procese mi ira respecto a algo que me ha estado molestando hace tiempo. Quizás sienta que mi mente se calma como masa de agua prístina, o que salta de pensamiento en pensamiento y nunca se detiene a descansar. Si eso sucede, también estará bien. Volveré mañana a la misma hora e iniciaré mi día con mi tiempo de quietud.

¿Y tú?

Sabbat

Me levanté de la cama esta mañana porque deseaba algo; varias cosas, en realidad.

Deseaba ver el amanecer con una taza de café…

Quería pasar tiempo a solas con Dios antes de que el monstruo caótico de tres cabezas (mis hijos Jude, Moses y Sunday) saliera de su guarida y me pidiera que le preparase el desayuno.

Quería cumplir con la fecha límite de este libro, ganarme la vida, poner comida en la mesa para mi familia…

Lo que quiero decir es que me desperté con distintos tipos de anhelos, y esos deseos son los que me sacaron de la cama en un día frío y oscuro de invierno.

El deseo es un gran motivador. Es el motor de nuestra vida. Su función es impulsarnos fuera de la cama y hacia el mundo exterior.

No obstante…

Si en algún momento el deseo ya no está bajo nuestro control y, en cambio, está dominando nuestras vidas, estamos en problemas. Y es que cuando miras más de cerca la dinámica del deseo, te das cuenta de que es una de esas cosas que nunca, *jamás*, se satisface.

Ya en el año 1000 a.C. el predicador de Eclesiastés decía:

Nunca se sacia el ojo de ver.[1]

Un poeta más contemporáneo dijo:

No puedo obtener ninguna satisfacción.[2]

La idea es la misma.

El imponente intelectual del siglo XIII, Santo Tomás de Aquino, una vez hizo la pregunta: ¿Qué saciaría nuestro deseo? ¿Qué haría falta para que se sienta satisfecho? La respuesta que se le ocurrió fue la siguiente: todo. Tendríamos que experimentarlo todo y a todos y ser objeto de todo y todos para sentirnos complacidos. Comer en todos los restaurantes; viajar a cada país, cada ciudad, cada rincón exótico; visitar cada maravilla del mundo; hacer el amor con toda pareja que podamos desear; ganar todos los premios posibles; subir a la cima en cada área de nuestra vida; poseer todas las posesiones del universo; etc. Tendríamos que experimentarlo *todo* para alguna vez sentirnos… Bueno, creo que es suficiente y entienden la idea. Lamentablemente, aunque tuviéramos acceso a recursos ilimitados, el tiempo y el espacio aún hallan la manera de estorbar en el camino.

Karl Rahner, quien fue uno de los teólogos católicos más influyentes del siglo XX, tenía una frase cautivante:

> En el tormento de la insuficiencia de todo lo alcanzable, finalmente aprendemos que aquí, en esta vida, no hay sinfonía terminada.[3]

Me encanta la imagen de una sinfonía inacabada. Para aquellos de nosotros que somos más vulgares, podemos pensar en una canción de Chance The Rapper (un famoso rapero estadounidense) cortándose justo antes del final. ¿Te lo puedes imaginar? ¿Esa desesperación? ¿Esa frustrada sensación de que algo está incompleto? ¿De una melodía que aún no está resuelta? ¿De algo que tiene carencias?

Ese sentimiento *es* la condición humana.

Lo que todos estos poetas, profetas y ministros quieren describir es la realidad de que *el deseo es infinito*. No tiene límites. No hay un punto en el que se satisface. El problema es que nosotros somos *seres finitos*. Tenemos todo tipo de límites, ¿lo recuerdas?. De manera que el único resultado posible es el descontento.

Para decirlo en el lenguaje de las matemáticas: deseo infinito - alma finita = descontento.

Vivimos con anhelos crónicamente insatisfechos que son como una picazón que no desaparece, sin importar cuanto te rasques. Por mucho que veamos, hagamos, compremos, vendamos, comamos, bebamos, experimentemos, vivamos, etc., siempre vamos a querer más.

La pregunta para nosotros como aprendices de Jesús o como seres humanos es simple: ¿Qué hacemos con todo ese deseo reprimido que aún no es saciado? ¿Qué hacemos con nuestro descontento?

La respuesta que hallamos siguiendo la tradición de Jesús es la siguiente: el anhelo humano es infinito porque fuimos creados para vivir con Dios eternamente en este mundo, y cualquier cosa menos que eso no puede llenarnos. De manera que nuestra única esperanza es depositar nuestro afán en el lugar que le corresponde: en Dios. A su vez, debemos poner todos nuestros otros deseos donde deben ir, por *debajo* de Dios. Esto no significa desprendernos de toda aspiración (como sucede en el estoicismo o el budismo), sino llegar a un estado en el que ya no necesitemos _____ (llenar aquí con lo que venga a tu mente) para vivir una vida feliz y relajada.

Una de las frases más icónicas después de las que hayamos en el Nuevo Testamento sobre el estilo de vida de Jesús, es de San Agustín. Mientras el Imperio Romano estaba en plena caída, el obispo de Hipona dijo lo siguiente:

> Nos creaste para ti y nuestro corazón andará siempre inquieto mientras no descanse en ti.[4]

Más recientemente, Dallas Willard lo daba a entender de esta forma:

> El deseo es infinito, en parte porque fuimos creados por Dios, para Dios, para que necesitemos a Dios y funcionemos con base en Él. Solo podemos ser saciados por aquel que es infinito, eterno y capaz de suplir todas nuestras necesidades; solo con Él sentimos que hallamos nuestro hogar. Cuando nos alejamos de Dios, el anhelo por lo infinito permanece, pero se desplaza hacia otras cosas que nos llevan a la destrucción.[5]

En última instancia, nada en esta vida fuera de Dios puede satisfacer nuestros deseos. Trágicamente, seguimos persiguiendo esa satisfacción hasta el infinito. ¿El resultado? Un estado crónico de inquietud o, peor aún, de angustia, ira, ansiedad, desilusión, depresión. Todo esto, a su vez, nos conduce a una vida de *prisa*, una vida de ajetreo, sobrecarga, compras, materialismo, ambición profesional. Nos conduce a una vida de querer más y más... que, como consecuencia, nos vuelve *más* inquietos o descontentos. Así, el círculo vicioso se sale de control.

Para empeorar un problema que ya es suficientemente grave, lo dicho anteriormente se ve agravado por nuestra etapa cultural de mercadotecnia digital, en una sociedad que se construye con base en los dioses gemelos de la acumulación y el éxito.

La publicidad es literalmente un esfuerzo por monetizar nuestro descontento. Se dice que vemos más de *cuatro mil* anuncios al día, todos diseñados para avivar el fuego del deseo en nuestras entrañas. Compra esto. Haz esto. Come esto. Bebe esto. Posee esto. Ve esto. Sé esto. En su libro sobre el *sabbat*, Wayne Muller dijo: "Es como si, inadvertidamente, nos hubiéramos topado con un horrible país de las maravillas".[6]

Las redes sociales llevan este dilema a un nivel completamente nuevo, ya que vivimos bajo un aluvión de imágenes. Estas imágenes no solo provienen de los departamentos de *marketing*, sino también de los ricos y famosos; de nuestros amigos y familiares, quienes seleccionan los mejores momentos de sus vidas para mostrar en sus muros. Esta situación termina involucrándonos en un pecado que está en el núcleo de la condición humana y que se remonta al jardín del Edén: la envidia. Así terminamos codiciando la vida de otras personas y perdemos la gratitud, el gozo y el contentamiento con nosotros mismos.

Y cuando nuestra innata inquietud humana se topa con la era digital, el resultado es una crisis cultural que redunda en falta de salud emocional y en muerte espiritual.

Por lo tanto…

¿Existe alguna práctica de la vida y las enseñanzas de Jesús para mitigar esa inquietud crónica de nuestra condición y cultura, y para aprovechar el descanso que Él ofrece a nuestras almas? Ya conoces la respuesta: ¡claro que sí! Hay muchas, pero hay una que está en lo más alto de la lista, el *sabbat*.

El *sabbat*

La palabra *sabbat* proviene del hebreo *shabbat* que literalmente significa "cesar" o "parar". El *sabbat* es sencillamente un día para cesar: cesar de trabajar, cesar de desear, cesar de preocuparse, simplemente *frenar*.

Piensa en las imágenes sobre estilos de vida que nos llegan a través de la publicidad, ya sea en nuestras redes sociales o en aquella revista de moda que dejamos sobre la mesa del salón. Una pareja descansa sobre una cama *king size* mientras desayunan y toman café, con ropa de cama de lino orgánico que llega hasta el suelo; un pícnic digno de fotografía en la playa, con vino, quesos y ese traje de baño que es tendencia; un veinteañero tocando la guitarra en el sofá mientras ve caer la lluvia. Ya sea que vendan un albornoz nuevo, un acolchado de plumas o un mueble, casi todas las imágenes son del *sabbat*, de hacer una pausa.

El ala de mercadotecnia de las revistas *Blue Dot, Kinfolk* o *Cereal* (revistas sobre viajes y estilo y diseño), sabe que ansías este estilo de vida de gente rica, de hacer pausas, pero que *no la tienes*. Se aprovechan de tu descontento o inquietud, esperando sacar rédito. La ironía es que para obtener ese sentimiento que anhelas no necesitas pagar 99,99 dólares por una bata de baño de felpa o 69,99 dólares por una manta artesanal. Solo necesitas del *sabbat* para hacer una pausa. Solo necesitas apartar un día de la semana para desacelerar, para respirar.

No obstante, el día de reposo es más que un día cualquiera: es una forma de conducirse en el mundo. Se trata de un espíritu de descanso que proviene de permanecer en el Padre y vivir en su amorosa presencia toda la semana.

Podrías verlo de esta forma:

Descanso	**Descontento**
Margen	Ajetreo
Lentitud	Apuro
Tranquilidad	Ruido
Relaciones profundas	Aislamiento
Tiempo a solas	Multitudes
Deleite	Distracción
Disfrute	Envidia
Claridad	Confusión
Gratitud	Codicia
Contentamiento	Descontento
Confianza	Preocupación
Amor	Ira, angustia
Gozo	Melancolía, tristeza
Paz	Ansiedad
Trabajar desde un sentimiento de amor	Trabajar para conseguir amor
Trabajar para contribuir	Trabajar por el éxito y la acumulación

¿Qué lista te describe mejor? Si te identificas más con la lista B, de nuevo, no te sientas culpable. La naturaleza humana, sumada a la era digital en la que vivimos, forman una alianza premonitoria *contra* el espíritu de descanso. Todos luchamos con esto.

No es de extrañar que el autor de la carta a los Hebreos, haciendo referencia al *sabbat* y a su espíritu de reposo, nos haga la siguiente invitación: "Esforcémonos, pues, por entrar en ese reposo".[7] Fíjate en la ironía de ese versículo: debemos trabajar duro para descansar bien.

Hay una disciplina en el *sabbat* que es muy reñida para muchos de nosotros. Requiere de mucha intencionalidad: no te va a salir naturalmente. Requiere planificación y preparación. Se necesita tener dominio propio. Se necesita la capacidad de poder decir no a una lista de cosas buenas, para poder decir sí a las mejores. Sin embargo, el día de reposo es la disciplina o práctica primordial mediante la cual cultivamos el espíritu de descanso en nuestras vidas como *un todo*. El *sabbat* significa para este último lo mismo que un entrenamiento para un partido de fútbol o un ensayo para un concierto. Así es como entrenamos, como preparamos nuestra mente y nuestro cuerpo para los momentos que más importan.

Walter Brueggemann tiene esta gran frase: "Las personas que guardan el día de reposo viven los siete días de la semana de manera diferente".[8] Es verdad. Ten cuidado con el *sabbat*. Va a cambiarte la vida. Primero cambiará un día de tu semana y luego tomará el control de toda tu vida.

Para dejarlo bien en claro, el día de reposo *es más que* solo un día, mucho más. De ahí que estuviera entretejido a la rutina semanal de Jesús.

Jesús en el día de reposo

Era una tarde de flojera, típica de un sábado: calurosa, con cielos despejados en lo alto. Jesús caminaba por una plantación de maíz con sus aprendices. Era el día de reposo, y esta es una de las muchas historias de Jesús y el séptimo día. Había una práctica central arraigada en su ritmo de vida, un día *entero*, cada semana, que Él apartaba para bajar la velocidad, para detenerse.

Sin embargo, en este *sabbat* particularmente, Jesús se metió en problemas con los fariseos. Estos se mostraron en desacuerdo con la forma en que Jesús y sus amigos celebraban el día, pues habían perdido por completo el sentido que en Dios tenía práctica. En una reprimenda llena de amor, Jesús simplemente les respondió:

> El sábado se hizo para el hombre, y no el hombre para el sábado.[9]

¡Qué frase tan impresionante! Aquí estamos, miles de años después, leyéndola y releyéndola. Sin embargo, a menudo la malinterpretamos. En contexto, Jesús estaba criticando una cultura religiosa legalista y cargada de culpa, que pasaba por alto completamente la intención del Padre detrás del mandamiento de desacelerar un día de la semana. Voy a traducirlo: una cultura que era (en esta área) *exactamente lo opuesto* a la nuestra.

Los judíos del primer siglo necesitaban escuchar la segunda parte de ese mandamiento: "El sábado se hizo para el hombre, y no el hombre para el sábado". Lo tenían todo al revés; la carreta importaba más que el caballo, por así decirlo.

Si adelantamos la película hasta el siglo XXI, vemos que no somos para nada legalistas con el día de reposo. Es más, la mayoría

de nosotros ni siquiera pone en práctica el *sabbat* en absoluto.
¿Un día libre? Claro que sí. ¿Domingo de adoración en la iglesia?
Cuando puedo. Pero ¿y el *sabbat*? Muy pocos de nosotros
sabemos con exactitud lo que eso significa.

El día de reposo no es una idea nueva sino que precede a Jesús
por miles de años. Solo nos parece novedosa a nosotros.[10]

Mi gran amigo y compatriota de Portland, A. J. Swoboda, escribió
lo siguiente:

> [El *sabbat*] ha sido olvidado en gran medida por la iglesia,
> quien ha imitado sin ninguna autocrítica el ritmo de la sociedad
> occidental industrial y obsesionada con el éxito. ¿El resultado?
> Nuestras iglesias agotadas en activismo y exhaustas han
> fracasado en gran medida en integrar el día de reposo en
> la vida de sus fieles como un elemento vital del discipulado
> cristiano. No es que no amemos a Dios, amamos a Dios
> profundamente. Simplemente ya no sabemos cómo pasar
> tiempo con Él.

Y añadió:

> Nos hemos convertido, tal vez, en las personas más desgas-
> tadas emocionalmente, sobreexigidas psicológicamente y
> desnutridas espiritualmente, en la historia de la humanidad.[11]

Yo diría que los estadounidenses del siglo XXI (y sí, todos mis
amigos en el Reino Unido, Australia e Islandia, ustedes también...)
necesitan escuchar la *primera* mitad de ese mandamiento: "El
sabbat se hizo para el hombre". Fue creado y diseñado por Dios
mismo, y es "para" nosotros. Un regalo del Creador a su creación
para que lo disfrute. Para que esta lo reciba con gratitud.

En su icónica enseñanza de una sola frase sobre el día de reposo, Jesús se adentró en una práctica tan antigua como la tierra misma. Una práctica que se remonta a Génesis 1.

En el principio...

La historia de la Biblia comienza con: "Dios, en el principio, creó los cielos y la tierra". Pero tras seis días[12] de arduo trabajo para poner en marcha al universo, leemos lo siguiente:

> Al llegar el séptimo día, Dios descansó porque había terminado la obra que había emprendido. Dios bendijo el séptimo día, y lo santificó, porque en ese día descansó de toda su obra creadora.[13]

¿Lo pillaste?

Dios descansó.

"Sí, no me gusta mucho guardar el día de reposo. Soy extrovertido, me gusta mantenerme ocupado y..."

Dios descansó.

"Sí, me gusta el *sabbat*, pero tengo un trabajo exigente que me encanta, y simplemente no puedo hacerme el tiempo porque..."

Dios descansó.

"Sí, pero tengo dos niños pequeños en casa y simplemente no es factible en este momento. Quizás en algún momento cuando..."

¿Necesito repetirlo?

Dios descansó.

Y, al hacerlo, estableció un ritmo específico en el ADN de la creación. Un tempo, un compás sincopado. Dios trabajó seis días y descansó uno.

Cuando luchamos contra este ritmo de trabajar seis días y reposar uno, vamos contra la corriente del universo. Y para citar al filósofo H. H. Farmer: "Si vas en contra de la corriente del universo, te astillas".[14]

Me he encontrado con gente que se ha reído del llamado a guardar el *sabbat* con un gran cliché: "Sí, bueno, el diablo nunca se toma un día libre".

Mmm, pues la última vez que lo comprobé, el diablo pierde. Además, estamos hablando del *diablo*.

La última vez que una sociedad intentó abandonar el sistema de división laboral en semanas de siete días fue durante la revolución francesa. Cambiaron a un sistema en el cual la semana laboral duraba diez días, con el fin de aumentar la productividad. ¡Surge el proletariado! ¿Y? Fue un desastre: la economía se desplomó, la tasa de suicidios se disparó. ¿Y la productividad? *Bajó*. Estudio tras estudio han demostrado que hay cero correlación entre la prisa y la productividad. De hecho, una vez que alcanzas un cierto número de horas de trabajo a la semana, tu productividad comienza a decaer. ¿Quieres saber cuál es ese número exacto? Cincuenta horas. Es irónico: eso es aproximadamente una se-mana laboral de seis días. Un estudio halló que no había ninguna diferencia de productividad entre los trabajadores que registraban setenta horas en su fichero y aquellos que registraban cincuenta y cinco.[15] ¿Podría ser que Dios nos hablara incluso a través de nuestros cuerpos?

Lo que quiero decir es esto: este ritmo impuesto no es un subproducto del ingenio humano, una versión antigua de *Los 7 hábitos de la gente altamente efectiva*, que podemos cambiar o adaptar a la era moderna como mejor nos plazca. Es la forma en que una mente brillante diseñó nuestra alma y a la sociedad para que florezcan y prosperen.

Si luchamos contra ello, luchamos contra Dios.

Si luchamos contra Dios, luchamos contra nuestra propia alma.

Ahora bien, ¿a qué se refiere el autor de Génesis cuando afirma que Dios "descansó"? ¿Acaso estaba cansado? ¿Tenía la cabeza quemada?

Como he dicho antes, la palabra hebrea *shabbath* significa "cesar". Sin embargo, también puede ser traducida como "deleitarse". Contiene esta dualidad de hacer una pausa y gozarse en Dios y en la vida que nos dio. El *sabbat* es un día entero que apartamos para frenar y deleitarnos, siguiendo el ejemplo de Dios.

Deleite en el mundo...

Deleite en nuestra vida en este mundo...

Y, sobre todo, deleite en Dios mismo.

Si eres nuevo con esto del día de reposo, una pregunta que puede ayudar a moldear esta disciplina es la siguiente: ¿Que podría hacer durante veinticuatro horas que llene mi alma de un profundo y vibrante gozo? ¿Que podría hacer que mi corazón arda espontáneamente en asombro, gratitud y alabanza?

Dan Allender, en su libro *El sabbat* [*Sabbath*], tenía esto para decir:

El *sabbat* es una invitación a entrar en el deleite. Cuando se experimenta este día de la manera en que Dios lo quiso, se convierte en el mejor día de nuestra vida. Sin lugar a dudas, es el mejor día de la semana. Es el día al que nos anticipamos desde el miércoles, jueves y viernes, y el día que recordamos el domingo, lunes y martes. El *sabbat* es un día santo en el que celebramos, jugamos, danzamos, tenemos sexo, cantamos, oramos, nos reímos, contamos historias, leemos, pintamos, caminamos, y observamos a la creación en su plenitud. Pocas personas están dispuestas a entrar en el *sabbat* y santificarlo, a considerarlo un día santo, porque un día entero de deleite y gozo es más de lo que la mayoría puede sostener en toda su vida, mucho menos durante una semana.[16]

Y todo esto tiene sus raíces en Dios. Él descansó. Él frenó. Apartó un día entero solo para deleitarse en su creación.

Considera además lo que Dios también hizo: "Él bendijo el séptimo día, y lo santificó". Hay dos cosas que vale mencionar aquí.

En primer lugar, el *sabbat* está "bendecido". En la historia del *Génesis*, tres son las cosas que son bendecidas por Dios.

Para empezar, Dios bendijo el reino animal con una invocación: "Sean fructíferos y multiplíquense".[17]

Después bendijo a la humanidad de la misma manera: "Sean fructíferos y multiplíquense".[18]

Y luego, Dios bendijo el *sabbat*.

Espera, ¿me estás diciendo que Dios bendijo a los animales, a los humanos, y luego... a un día?

Mmmm…

¿Qué significa eso?

Significa que el *sabbat*, al igual que el ser humano o los animales, tiene la capacidad de procrear, de llenar el mundo de más vida.

La vida es cansadora. (Por ejemplo, lo más probable es que mientras hayas leído esa frase hayas suspirado). Llegas al final de la semana y, aunque ames tu trabajo, estás agotado en todo nivel, incluso emocional y espiritualmente. El día de reposo es el mecanismo por el cual volvemos a llenar nuestra alma de vida.

Recientemente leí una encuesta realizada por un médico que citó a las personas más felices del mundo. En la parte superior de la lista se encontraba un grupo de cristianos llamados Adventistas del Séptimo Día, que son muy religiosos, literalmente hablando, respecto a el día de reposo. Este doctor señalaba que este grupo de personas vivía diez años más que el estadounidense promedio.[19] Entonces me puse a hacer cálculos: si guardo el *sabbat* cada siete días, eso suma (te vas a sorprender) *diez años* durante toda una vida. De manera que cuando digo que el día de reposo es vivificante, no estoy hablando retóricamente. Si este estudio es fiable, entonces cada día que hagas *sabbat* estás (científica y estadísticamente hablando) prolongando tu vida.[20]

De ahora en adelante voy a tener tres días de reposo a la semana…

No solo vivirás más tiempo; lo que es más importante, vivirás *mejor.*

Así que el primer punto es que el *sabbat* es un día "bendecido".

El segundo punto es que es un día "santo".

¿Alguna vez te has puesto a pensar en eso? ¿Cómo es que un día pueda ser llamado santo?

Esto habría descolocado a la audiencia original. Durante la antigüedad en Oriente Próximo, los dioses se hallaban en la esfera del espacio, no del tiempo. Uno podía encontrarlos en un templo sagrado, una montaña o un santuario. Pero *este* Dios, el único Dios verdadero y Creador, no se encontraba en un lugar, sino en un día. Si quieres que este Dios salga a tu encuentro, no tienes que ir a La Meca o a Beranés o al Stonehenge. Solo tienes que apartar un día de tu semana para hacer el *sabbat*, y detenerte el tiempo suficiente para experimentarlo.

Por lo tanto, hay un día que es *bendito* y *sagrado*. Hay un ritmo en la creación: seis y uno. Y cuando seguimos este ritmo, gozamos de salud y vida.

Sin embargo, cuando luchamos contra ese ritmo, cuando lo ignoramos o suprimimos, lo pasamos por alto, lo criticamos, inventamos excusas o buscamos formas de evitarlo, cosechamos las consecuencias.

Respecto a nuestra mente: nos volvemos mentalmente aletargados, adormecidos, poco creativos, distraídos, inquietos. La falta de salud emocional se convierte en nuestra nueva normalidad. La irritabilidad, la ira, el cinismo y su gemelo, el sarcasmo, abruman nuestras defensas y toman el control de nuestra voluntad.

Piensa en el cuerpo: nos fatigamos; nuestro sistema inmunológico comienza a fallar, a perder su función. Nos pescamos *otro* resfrío. Es como si nuestro sistema nervioso estuviera tratando de llamar nuestra atención.

Sin embargo, seguimos adelante hasta que, inevitablemente, nos estrellamos contra la pared. Algo en nuestra mente o cuerpo se da por vencido y terminamos cayendo de espaldas sin poder movernos. Yo tengo mi historia. Te conté la mayor parte al principio de este libro, pero dejé afuera la parte en la que era un adicto al trabajo con personalidad de tipo A, que se alimentaba de la ambición (¿o... como lo llamamos ahora? ¿*impulso*?) y sin idea de cómo relajarme. Tenía un día libre semanal, claro, pero lo pasaba poniéndome al día con todo el trabajo por el cual no me pagaban (pagar facturas, limpiar el patio, etc.) así como saliendo de compras o entreteniéndome con actividades.

El *sabbat* ni siquiera estaba en mi vocabulario, mucho menos era parte de mi lenguaje corriente. Pero voluntaria o involuntariamente, todos terminamos llegando a este día. En algún momento la corriente del universo me alcanzó, y yo me estrellé duramente contra la realidad. Mi año sabático fue como si me hubiera puesto al día y hubiera sumado, además, los intereses de décadas de *sabbats* sin tomar.

Supongo que tú también tienes una historia para contar.

Si no es así, la tendrás. El *sabbat* también viene por ti, ya sea como deleite o como disciplina.

Quizás por eso Dios ha tenido que dar un *mandamiento* para que nos tomemos el día de reposo. ¿Eso no te parece extraño? Es como que nos manden a comer helado o escuchar música en vivo o pasar días en la playa. Uno pensaría que todos íbamos a estar haciendo fila para poner en práctica el *sabbat*. Pero, aparentemente, hay algo en la condición humana que hace que queramos pasar por la vida de forma apresurada, que queramos rebelarnos contra las limitaciones del tiempo mismo. Es debido a nuestra inmadurez, adicción y disfunción que Dios debe ordenarle a su pueblo que haga algo profundamente vivificante: descansar.

Encontramos varios mandatos sobre el *sabbat* en la Biblia. Déjame señalarte los dos más importantes.

Primer mandato: el *sabbat* como descanso y adoración

Contexto: Israel acampaba alrededor del Monte Sinaí. Habían recién salido de Egipto. Estaban a punto de convertirse en una "nación santa"[21], el pueblo de Dios. Pero lo primero es lo primero: necesitaban un manifiesto sobre cómo vivir en la nueva realidad que iban a afrontar. Así que Dios estableció los diez mandamientos, los cuales alcanzaron la fama que hoy tiene la UELC (Unión Estadounidense por las Libertades Civiles). Y hubo un mandamiento que era más largo que los demás, *mucho más largo* en contenido. Si hicieras un gráfico circular con los diez mandamientos, este ocuparía un 30 % del círculo. ¿Y cuál era ese mandamiento?

Acuérdate del sábado, para consagrarlo.[22]

Me encanta la palabra que abre la oración: "acuérdate". Es fácil olvidarse de que hay un día que es bendito y sagrado. Es sencillo dejarse atrapar por una vida de prisa y permitir que el ritmo de tu vida suba a un nivel que roce lo insano. Tendemos a olvidarnos de los roles del Creador (que no soy yo) y la creación (yo).

Recuerda que la vida es un regalo, tal como nos llega.

Recuerda tomarte un tiempo para deleitarte en ella como un acto de gratitud y adoración.

Recuerda estar presente en el momento y el gozo que allí surja.

Los seres humanos somos propensos a la amnesia, por eso Dios nos ordena que recordemos.

Luego Dios dijo lo siguiente:

> Trabaja seis días, y haz en ellos todo lo que tengas que hacer, pero el día séptimo será un día de reposo para honrar al Señor tu Dios.[23]

Observa esa frase: "un día de reposo para honrar al Señor". Eso también puede traducirse como "día apartado para el Señor" o "dedicado al Señor".

Por lo tanto, el *sabbat* no es solo un día para descansar, también es un día para adorar a Dios. Con *adoración* no me refiero necesariamente a cantar en la iglesia (aunque ese sea un gran ejemplo de adoración), sino a una vida completamente centrada en Dios.

Toma nota, porque lo que estoy a punto de decir es de vital importancia: *el sabbat no es lo mismo que un día libre.*

¿Cuál es la diferencia?

Eugene Peterson tiene un nombre para ese tipo de días libres, lo llama el "*sabbat* bastardo".[24] Es el hijo ilegítimo de la cultura occidental y el séptimo día de la semana. En un día libre tú no trabajas para tu empleador (en teoría), pero de todas formas trabajas. Haces recados, te pones al día con las cosas del hogar, pagas las facturas, te vas a recorrer IKEA (allí se te van cuatro horas del día). ¡También juegas! Ves una película, haces unos pases con la pelota de fútbol con amigos, te vas de compras, y sales a pedalear por la ciudad con tu bicicleta. Todo eso es genial. Yo también amo mi día libre. Pero esas actividades no hacen a un *sabbat*.

En el día de reposo todo lo que hacemos es *descansar* y *adorar*.

Cuando me tomo mi *sabbat* paso cada actividad que pienso hacer por este filtro: "¿es esto descanso y adoración?". Si la respuesta es "no" o "algo así, pero no realmente" o "mmmh, no lo sé…", entonces simplemente me detengo. Tengo otros seis días para esas actividades. ¿Cuál es el apuro? Después de todo, no tengo prisa…

Y observa lo fácil, lo libre, lo abarcador y nada legalista que es este mandato. "Descanso" y "adoración" son categorías muy amplias. Hay mucho lugar a la interpretación según la etapa en la que estés o tu tipo de personalidad Myers-Briggs. No hay ninguna fórmula, lista por cumplir o cronograma. El *sabbat* se verá muy distinto para, digamos, un pastor de treinta y tantos años como yo, que vive con su familia en una ciudad muy activa; que para una joven soltera de veinte años que aún vive en la universidad; o para una pareja con hijos adultos que ya se han ido del hogar, y ahora viven solos y tranquilos en una granja. Hay diferencias y eso es genial. Tú haz lo que te convenga. Lo fundamental es apartar un día para *descansar* y *adorar* a Dios.

A menudo cuando la gente escucha la palabra "adoración" infiere que eso implica cantar canciones de *Betel* todo el día mientras se lee la Biblia y se intercede. Y aunque eso está muy bien, yo me refiero a la adoración en el sentido más holístico y amplio de la palabra. Expande la lista de disciplinas espirituales e incluye cosas como comer tacos en el patio, beber una botella de vino durante una cena larga y tranquila con tus amigos o salir a caminar por la playa con tu amado/a o mejor amigo. En fin, cualquier cosa que lleve a tu corazón a un estado de gratitud y reconocimiento de la bondad de Dios.

El mandamiento termina con el porqué, con la motivación que llevó a Dios a dar la orden del *sabbat*:

...en seis días hizo el Señor los cielos y la tierra, el mar y todo lo que hay en ellos, y que descansó el séptimo día. Por eso el Señor bendijo y consagró el día de reposo.[25]

Este es el único mandamiento en el que Dios da la explicación del "porqué". No sucede con los demás. Dios no dice "no mates, y esta es la razón por la cual es algo malo..."; tampoco dice "no robes, te dejaré en claro por qué no es una buena idea...". Sin embargo, para el *sabbat*, Dios se remonta a la historia del Génesis, invocando a su pueblo a entrar en los ritmos de su gracia.

De hecho, hallo especialmente fascinante que el *sabbat* sea la única "disciplina espiritual" que entra en los diez mandamientos. No se menciona ir a la iglesia, ni leer la Biblia, ni siquiera la oración. El día de reposo es el ancla de las disciplinas del pueblo de Dios. Es tan crucial que Dios nos ordena amorosamente que recordemos descansar.

Ese fue el primer mandato. Ahora veamos otro.

Segundo mandato: el *sabbat* como resistencia

Contexto: Israel estaba a orillas del río Jordán, a solo unos pasos de Canaán. Habían pasado cuarenta años desde lo sucedido en el Monte Sinaí. Algunas cosas habían salido terriblemente mal e Israel sufrió un retraso de cuarenta años. Como resultado, Moisés tuvo que *volver a dar* los diez mandamientos a la siguiente generación. La mayoría de ellos no había estado presente en el Monte Sinaí, y los que sí habían estado, eran muy pequeños entonces como para recordarlo. Así que era hora de un curso de actualización. Pero en la segunda edición que da Moisés hay un cambio sutil. Es muy fácil pasarlo por alto, así que presta mucha atención:

Observa el día sábado, y conságraselo al Señor tu Dios, tal como él te lo ha ordenado. Trabaja seis días, y haz en ellos todo lo que tengas que hacer, pero observa el séptimo día como día de reposo para honrar al Señor tu Dios.[26]

¿Lo has captado? Sí, la primera palabra es distinta. En lugar de "acordarse" del *sabbat*, Moisés les pide que lo "observen".

¿Qué habrá querido decir con eso exactamente?

Piensa en cómo observamos las festividades tales como Navidad o Semana Santa. Nos preparamos con antelación, planificamos el día, hacemos todo lo posible para que sea especial, lo abordamos anticipadamente. El *sabbat* debe ser así: una festividad cada semana, pero sin todo el estrés y el drama familiar. Una celebración semanal de todo lo que es bueno en la creación de Dios.

Aparte de esa aclaración al principio, el mandamiento es prácticamente el mismo, hasta que llegas al final, donde hay otra edición, esta vez más radical:

Recuerda que fuiste esclavo en Egipto, y que el Señor tu Dios te sacó de allí con gran despliegue de fuerza y de poder. Por eso el Señor tu Dios te manda observar el día sábado.[27]

Vaya…

Ese no es un cambio menor, ese es un fundamento completamente distinto detrás del mandato.

¿Qué rayos estaba tramando Moisés?

Déjame esclarecerlo.

En Éxodo el mandamiento del día séptimo está arraigado en la historia de la creación, en el ritmo que Dios dispuso al crear el mundo. Un ritmo del que nos beneficiamos, ya que nos brinda salud emocional y vida espiritual. Esa es la razón detrás del *sabbat*.

Sin embargo, en Deuteronomio el mandamiento está vinculado a la historia del Éxodo. Se vincula a la historia de Israel, a su liberación de la esclavitud del Faraón y su imperio. Esa es una razón completamente *distinta* para el día de reposo.

¿Por qué ese cambio?

Bueno, esta era la primera generación que crecía en libertad. Sus padres habían sido esclavos, así como sus abuelos y bisabuelos. Fueron esclavos de un imperio que devoraba a los seres humanos, una pirámide, un edificio, un ladrillo a la vez, por siglos. Un imperio con un apetito tan voraz que hasta tuvieron que construir "ciudades de almacenaje"[28] solo para guardar sus mercaderías y provisiones extras. Era un imperio impulsado por la *codicia*.

Y Egipto, como todo imperio que haya existido, era un sistema económico construido sobre las espaldas de los oprimidos. Para alcanzar el lujo opulento y lleno de esplendor que buscaba Faraón, se necesitaba mano de obra barata. Se requería de esclavos que molieran sus cuerpos hasta que no quedara más que polvo y cenizas.

Los esclavos no tenían día de *sabbat* y ni siquiera tenían un día libre. Ellos trabajaban todo el día y todos los días hasta morir. A los esclavos no se les consideraba humanos. Eran un artículo a la venta en una hoja de cálculo. Se compraban y vendían como mercancía y se consideraban un simple medio para el resultado que los poderosos necesitarann. Y a estos últimos, lo que les importa es el resultado final.

Egipto, amigos míos, está vivito y coleando.

Vivimos en medio de él.

Vivimos en una cultura del *más*. Una cultura de codicia abierta e insaciable. Codicia de todo. *Más* comida, *más* bebida, *más* ropa, *más* dispositivos tecnológicos, *más* cosas, *más* metros cuadrados, *más* experiencias, *más* sellos en el pasaporte, *más*.

Tenemos tanta basura que no necesitamos. Nosotros, al igual que Egipto, tenemos que construir nuestras propias ciudades de suministro. Las denominamos unidades de almacenamiento y son una industria de 38 mil millones de dólares solo en los Estados Unidos,[29] los cuales representan unos 2.3 mil millones de pies cuadrados, los suficientes como para que todo estadounidense cuente con más de siete pies cuadrados para sí mismo.[30] En otras palabras, podríamos albergar a toda nuestra nación en nuestras unidades de almacenamiento.

Al Faraón le encantaría Estados Unidos de América.

Al igual que Egipto, somos un imperio que se construyó sobre la base de la opresión de los pobres. En el caso de los Estados Unidos (y en muchas otras naciones), esto se ha dado de forma literal. Es más, hemos hallado la manera de perpetuar la esclavitud sin culpa. Nos gusta pensar que la esclavitud terminó en 1865, pero la realidad es que simplemente la hemos trasladado al extranjero. Ojos que no ven, corazón que no siente. Existen veintiocho millones de esclavos hoy en el mundo, más de los que se traficaron en la trata transcontinental de esclavos durante todo el siglo XVIII.[31] Hay muchas probabilidades de que tu casa o apartamento esté lleno de cosas que ellos han producido: una camiseta, un par de zapatillas, aquel reloj en la pared, esas bananas en tu mesa.

De hecho, cuando los economistas representan a nuestro sistema económico, dibujan una pirámide. Algunos incluso la llaman "la pirámide de la riqueza global".

Observa que en la parte superior se encuentra el 0,7% de la humanidad, con un 45.9% de la riqueza mundial. Es esa gente extremadamente rica, que ya sabes, manejan un coche, poseen una computadora, tienen más de un par de zapatos (y posiblemente estén leyendo este libro con un *latte* de cinco dólares).

¿En la parte inferior de la pirámide? Poco más del 70 % de nuestro mundo, con un escaso 2.7 % de la riqueza global.[32] La mayoría de ellos son personas que viven en el sudeste asiático y en África. Son las personas que fabrican nuestros zapatos y calcetines, nuestros teléfonos móviles y las loncheras de *La guerra de las galaxias*. Muchos de ellos trabajan los siete días de la semana,

Pirámide de la riqueza global

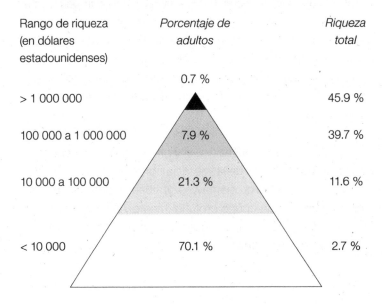

Rango de riqueza (en dólares estadounidenses)	Porcentaje de adultos	Riqueza total
	0.7 %	
> 1 000 000		45.9 %
100 000 a 1 000 000	7.9 %	39.7 %
10 000 a 100 000	21.3 %	11.6 %
< 10 000	70.1 %	2.7 %

doce horas al día, en el calor sofocante de una fábrica en Vietnam o en el frío de un campo de algodón en Uzbekistán, solo para sobrevivir. Muchos lo hacen en contra de su voluntad, aún bajo la pisada de un imperio.

Lo más probable es que, si estás leyendo este libro, estás cerca de la cima y no el fondo de la pirámide. Eso es lo complicado de Egipto. Es un infierno si eres un esclavo, pero no es tan malo si eres estadounidense.

Quiero decir, egipcio.

Ahora bien, ¿qué tiene que ver todo esto con el *sabbat*?

Pues mucho.

El *sabbat*, como sostenía el famoso académico del Antiguo Testamento, Walter Brueggemann, es un "acto de resistencia".[33] Se trata de un acto de rebelión hacia el Faraón y su imperio. Una insurgencia e insurrección contra los "ismos" del mundo occidental: el globalismo, el capitalismo, el materialismo, todos los cuales suenan bien pero rápidamente esclavizan a ricos y pobres. El día de reposo es una forma de mantenerse libre y asegurarse de que jamás vuelvas a ser absorbido por la esclavitud o, peor aún, te conviertas en el esclavista.

Mi amigo A. J. lo llama "justicia social programada". A menudo, cuando escucho acerca de la injusticia abrumadora que hay en este mundo o sobre la creciente desigualdad socioeconómica en mi propio país, me preocupo profundamente y pienso: *¿qué es lo que puedo hacer?* Bueno, una cosa que puedo hacer es no hacer nada una vez por semana.

¿Te imaginas qué sucedería en nuestra sociedad si todos los comercios cerraran una vez por semana? ¿Si las tiendas que funcionan bajo la mecánica de 24-7, ahora fueran de 24-6? Los sitios en línea dejarían de recibir pedidos. Las casas de almacenamiento de Amazon cerrarían por un día. Los restaurantes apagarían sus hornos. ¿Te imaginas lo que eso haría por los pobres en nuestras ciudades? ¿Te imaginas que se creara un espacio para que descansen y pasen tiempo con sus seres queridos? Digo esto sin mencionar lo que ello haría por nosotros, si tan solo pudiéramos pasar un día entero sin comprar nada.

Podemos. Algunas empresas de propietarios cristianos ya han dado este valiente paso de cerrar sus puertas y sus sitios web los domingos (algo por lo que generalmente reciben burlas), y aunque tú o yo no dirijamos una corporación, al practicar el *sabbat* podemos seguir desempeñando un pequeño papel en pos de la justicia social.

El día de reposo es una forma de decir "suficiente". Comprar cosas no es siempre malo, pero la mayoría de nosotros tiene lo suficiente como para disfrutar de una vida rica y satisfactoria. Como dijo el salmista: "nada me falta".[34]

Es por ello que en la Torá se prohibía toda compra y venta durante el día de reposo. Esta no era una regla legalista del antiguo pacto que ahora estamos libres de cumplir. Es una práctica vivificante que nos ayuda a romper con nuestra adicción a los dioses gemelos de Occidente: el éxito y la acumulación. Una vez más, los logros y la acumulación no son malos en sí mismos, siempre y cuando estos no saquen provecho de los pobres (por lo general *lo hacen*...). Pero hay un límite. En algún momento tienes que trazar una línea en la arena y decir: "Estoy bien. No necesito *otro* par de zapatos, *otro* artículo de decoración para mi estantería, *otro* juguete para mi cochera, *otro* día en el *spa*".

Tengo lo suficiente.

Lo que realmente necesito es *tiempo con Dios* para disfrutar de lo que ya tengo.

El *sabbat* es como una táctica de la guerra de guerrillas. Si quieres liberarte del yugo opresivo del capataz de Egipto y de su codicia incansable e implacable, solo tómate un día a la semana y rebélate contra la autoridad. No compres. No vendas. No vayas de compras. No navegues por la web. No leas una revista: ooh, esa bañera que tienes ahí arriba te vendría muy bien... Simplemente aparta de ti todo eso todo eso y disfruta. Bebe profundamente del pozo de la vida cotidiana: una comida con amigos, tiempo en familia, un paseo por el bosque, una merienda. Sobre todo, desacelera el tiempo suficiente para disfrutar de la vida con Dios, quien ofrece todo lo que el materialismo promete pero nunca puede cumplir, es decir, contentamiento.

Usando las palabras de Ronald Rolheiser, quien creo que debería recibir regalías por este libro:

> Gran parte de nuestra infelicidad proviene de comparar nuestra vida, nuestras amistades, nuestros amores, nuestros compromisos, nuestras responsabilidades, nuestros cuerpos y nuestra sexualidad a una visión no cristiana e idealizada de las cosas que nos asegura falsamente que hay un cielo en la tierra.
>
> Cuando eso sucede, nuestras tensiones nos enloquecen y nos conducen a una inquietud cancerosa.[35]

Oh, vaya, esa frase "inquietud cancerosa". El autor insiste en otro texto:

Sin embargo, el verdadero descanso es un tipo de conciencia, una forma de ser en la vida. Es vivir la vida ordinaria con una sensación de tranquilidad, gratitud, apreciación, paz y oración. Estamos tranquilos cuando la vida ordinaria es suficiente.[36]

Entonces, ¿a qué le daremos lugar? ¿A esta "inquietud cancerosa", tan antigua como la de Faraón? ¿A estar siempre comparando tu vida con la de otra persona? ¿A la expectativa de que la próxima compra te de un impulso de hacerte sentir en la cima? ¿O elegirás un contentamiento sanador que proviene de una vida sin prisas ni preocupaciones?

¿Y si la vida común y corriente es suficiente?

Gobernando sobre la velocidad de la vida

Hablando de la inquietud cancerosa y de comprar cosas que no necesitamos, cuando T. y yo nos casamos, en los días gloriosos de ser una pareja DINK [siglas en inglés para *double income, no kids*, parejas que tienen doble ingreso y no tienen hijos], ella me compró una motocicleta para Navidad.

Sí, mi esposa es asombrosa.

Así que, naturalmente, tuve que corresponderle. Meses después, para nuestro aniversario, le compré una Vespa sin estrenar, color azul como el cielo, la felicidad sobre ruedas.

Yo tuve que obtener una aprobación especial para motocicletas en mi licencia de conducir, antes de siquiera poder probarla, pero no sucedió así con T. Su Vespa tenía un dispositivo que se llama "gobernador". ¿Sabes lo que es? Yo no sabía. Resulta que es un pequeño tapón en el motor que evita que se mueva a más de cincuenta millas por hora. Según la ley de Oregón, siempre que un ciclomotor no supere las cincuenta millas, no es necesario una licencia de motocicleta.

Ya puedes advertir hacia dónde va esto.

El *sabbat* es como un gobernador en la velocidad de la vida.

Toda la semana trabajamos, jugamos, cocinamos, limpiamos, hacemos compras, nos ejercitamos, respondemos mensajes de texto, habitamos el mundo moderno, pero finalmente llegamos a un límite. En el día del *sabbat* bajamos la velocidad; y, más aún, llegamos a un punto final.

Una de las cosas sorprendentes que aprendí cuando comencé a practicar el *sabbat* es que, para disfrutar realmente del séptimo día, debes ralentizar *los otros* seis días. No puedes ir a noventa millas por hora toda la semana, pisando el pedal a fondo, desgarrando tu alma hasta los huesos durante seis días seguidos, y luego esperar que puedas pisar el freno de golpe para el *sabbat* y sentirte zen de inmediato. Debes hallar el ritmo. Como decíamos cuando era parte de una banda de rock independiente: "encuentra tu tempo".

El *sabbat* no es simplemente un intervalo de veinticuatro horas en tu agenda semanal, es un *espíritu* de descanso que te acompaña durante toda la semana. Una forma de vivir con "tranquilidad, gratitud, apreciación, paz y oración". Una forma de trabajar desde el descanso, y no para descansar. Es trabajar sin nada que demostrar. Es una manera de dar fruto de perseverancia, no de ambición.

Como lo dijo Brueggemann tan elocuentemente:

> Las personas que guardan el *sabbat* viven los siete días de la semana de manera distinta.[37]

Es por ello que el día de reposo es el séptimo, y no el tres o el cuatro. No es una pausa en la semana para descansar y volver a lo que realmente nos importa, el trabajo. Es el clímax, el apogeo, aquello a lo que toda la semana ha estado apuntando.

Si no estás practicando el *sabbat*, déjame decirte, sin excepciones, que te estás perdiendo el mejor día de la semana.

Así que...

Respira profundo.

Ya casi termino.

Para concluir este capítulo, permíteme hablar desde el corazón. En mi caso, disfruto profundamente la práctica del *sabbat*. Para mí no es una resaca legalista de algún numerito religioso, sino una disciplina que Jesús practicaba, un sistema de liberación de por vida.

Hay mucho debate y controversia sobre si todavía tenemos que guardar el día de reposo como seguidores de Jesús. Soy parte de una minoría que cree que sí. Después de todo, es uno de los diez mandamientos, y Jesús no hizo absolutamente nada para anularlo. Sí, la Iglesia de los primeros siglos pasó este día al domingo; pero hasta la década de 1950, el domingo era "el día del Señor". Eso significaba más que un culto de dos horas en la iglesia, e implicaba todo un día de descanso. ¿Siendo sincero? Realmente no me importa si ya *no tenemos* que guardar el día de reposo. *Quiero* hacerlo. Incluso si este ya no es un mandamiento vinculante, sigue siendo la corriente del universo. Es un regalo, uno que quiero abrir y disfrutar.

Nueve de cada diez veces, el *sabbat* termina siendo el mejor día de mi semana, sin exagerar. Todos los viernes por la noche, después de la cena de *sabbat*, horneamos una galleta gigante sobre una sartén de hierro fundido, toda una delicia llena de chocolate. Luego volcamos una caja de helado encima de la galleta, dejamos que se derrita un poco y nos lo comemos directamente de la sartén. Es una especie de guiño simbólico tanto a nuestra unidad familiar como a nuestro amor colectivo por las cosas dulces. Mientras nos damos ese capricho, vamos por turnos alrededor de la mesa compartiendo qué fue lo más destacado de nuestra semana. Me siento como un disco rayado porque cuando llega mi turno siempre digo: "¡El último *sabbat*!". Por lo general tiene que suceder algo espectacular para que le gane al *sabbat* anterior en cuanto a día de mayor gozo.

El *sabbat* es el día que más conectado me siento a Dios, y también a mi esposa y mi familia. Más conectado a mi propia alma. Es el día en el que me siento más despierto y a la vez más tranquilo. El día en el que estoy a la expectativa del gozo. Es el día que marca la pauta para toda mi semana.

Los miércoles o jueves me encuentro a mí mismo diciéndome en voz baja: "puedo hacer esto", *porque sé que el sabbat está a la vuelta de la esquina.*

Los domingos o lunes me encuentro a mí mismo pensando: *puedo hacer esto porque cargué energías en el día de reposo.*

Cuando recuerdo mi vida sin el *sabbat*, me estremezco. Jamás quiero volver a Egipto. Nunca más quiero volver a ser un esclavo o un esclavista *Soy libre.* Quiero seguir siendo así.

Y deseo que tú también experimentes este día de amor sin prisa, un día de gozo y paz.

Tú sabes que lo deseas…

Si tu historia se parece en algo a la mía, entonces te tomará un tiempo dominar el *sabbat*. Después de todo, la palabra *sabbat* es un verbo. Es algo que llevas a cabo. Una práctica, una habilidad que perfeccionas. A mí me llevó años de prueba y error. A medida que nuestros hijos van entrando a la adolescencia, nuestra práctica sigue adaptándose y rehaciéndose.

El punto es que esta disciplina es tan extraña y ajena a nuestra cultura, incluso a nuestra cultura de iglesia, que podría llevar un buen tiempo ajustarse a ella. No hay problema con eso.

Recuerda, no estás apurado.

Para iniciarte, solo aparta un día de la semana. Despeja tu agenda. APAGA TU TELÉFONO MÓVIL. Haz una oración invitando al Espíritu Santo a que te pastoree. ¿Y luego? *Descansa* y *adora*. Hazlo de la manera en que se vivifique tu alma.

Mi familia y yo hacemos esto todas las semanas. Justo antes del atardecer del viernes terminamos todas las tareas de nuestras listas y los deberes de la escuela y el hogar, nuestras compras del supermercado y responsabilidades. Luego apagamos todos nuestros dispositivos (literalmente los ponemos todos en una caja y la guardamos en el armario) y nos reunimos todos como familia alrededor de la mesa. Abrimos una botella de vino, prendemos unas velas, leemos un salmo, oramos. Luego celebramos y, básicamente, no dejamos de festejar durante las próximas veinticuatro horas. ¡Es el estilo *Comer*! [apellido del autor] y, debo agregar, el estilo de Jesús. Dormimos hasta tarde los sábados. Bebemos café. Leemos nuestras Biblias. Oramos más. Pasamos tiempo juntos. Conversamos. Nos reímos. En el verano, salimos a caminar al parque. En el invierno hacemos una fogata. Nos perdemos leyendo buenas novelas en el sofá. Nos acurrucamos. Dormimos siestas. (Los judíos hasta tienen un nombre para las siestas del sábado. Las llaman el ¡shabbat shluf! Hacemos shluf a lo grande en nuestra familia). Hacemos el amor.

Sinceramente, en mi caso, me gusta pasar mucho tiempo sentado junto a la ventana. Es como tener una Navidad cada semana, pero sin el estrés.

Y algo sucede cerca de la mitad del día, algo difícil de explicar en palabras. Es como si mi alma alcanzara a mi cuerpo y se pusiera al día con él. Como si una parte profunda de mí, golpeada y ahogada por reuniones de trabajo, correos electrónicos, Twitter, conflictos relacionales y el reparo de la vida, volviese a la superficie de mi corazón.

Me siento libre.

Libre de la necesidad de hacer más, de obtener más cosas, de ser más. Libre del espíritu —el espíritu maligno y demoníaco— del descontento que esclaviza a nuestra sociedad. Siento otro espíritu, el Espíritu Santo, que derrama una calma reparadora sobre toda mi persona. Y siento que mi vida común y corriente es suficiente.

Y al llegar el anochecer del día sábado, cuando vuelvo a encender mi teléfono móvil y regreso al mundo moderno, lo hago de forma lenta. Y vaya que eso se siente bien.

Sencillez

Comencemos con algunos dichos de Jesús, con los cuales la mayoría de nosotros, si somos sinceros, no estaríamos de acuerdo o no nos sentiríamos a gusto:

> ¡Tengan cuidado!… Absténganse de toda avaricia; la vida de una persona no depende de la abundancia de sus bienes.[1]

¿Y qué hay de este otro?

> Vendan sus bienes y den a los pobres.[2]

Espera, ¿qué sucede con el ahorro para la jubilación? ¿Acaso no sabes que hay una crisis de fondos jubilatorios? ¿Y el seguro médico? Esto suena muy irresponsable.

> No se preocupen por su vida, qué comerán o beberán; ni por su cuerpo, cómo se vestirán. ¿No tiene la vida más valor que la comida, y el cuerpo más que la ropa?… Busquen primeramente el reino de Dios.[3]

Bien —dirás—, aquí ya me perdiste: eso es exactamente lo que me preocupa. El dinero para pagar las cuentas. ¿Tienes idea de lo cara que es la renta en mi ciudad? Sin mencionar mi préstamo estudiantil. ¿Esperas que me siente y simplemente ore todo el día?

> Las preocupaciones de esta vida, el engaño de las riquezas y muchos otros malos deseos entran hasta ahogar la palabra, de modo que esta no llega a dar fruto.[4]

¿Estás diciendo que la riqueza es por naturaleza "engañosa"? ¿Una estafadora personificada? ¿Que tiene un efecto sofocante en la tierra sobre la que está plantado mi corazón, ahogando la vida del reino?

> Otra vez os digo, que es más fácil pasar un camello por el ojo de una aguja, que entrar un rico en el reino de Dios.[5]

¿Dices que la riqueza *dificulta* experimentar la vida del reino de Dios? ¿Que no la hace más fácil? Eso no cierra en los cálculos. Cuánto más dinero tengo, mi vida me parece más llevadera.

¿Estás confundido?

Si estos dichos de Jesús te suenan locos, pues no estás solo. Es así para la mayoría de los que vivimos en Occidente. Cuando empecé a tomarme en serio a Jesús como Maestro (no solo como Salvador) lo que más me disgustó fue su visión sobre el papel de la riqueza en lo que Él considera la buena vida. Siendo sincero, me llevó años estar de acuerdo con Él.

Si te cuesta estar en sintonía con el punto de vista de Jesús sobre el dinero, podría ser que tú, como muchos cristianos en Occidente (incluido yo mismo hasta hace muy poco, y con recaídas frecuentes), en realidad no crees en el evangelio del reino; es decir, en la buena noticia de que la vida que siempre has deseado está completamente disponible para ti a través de Jesús, cualquiera que sea el estado en el que te encuentres. Por medio de Él tienes acceso a la presencia amorosa del Padre. Nada, ni tu nivel de ingresos o etapa de la vida o tu relación *nada* se interpone entre tú y la "vida verdadera".[6]

Puede que creas *otro* evangelio. Otra visión de lo que es la buena vida y cómo se llega a ella.

Llamémosle "el evangelio americano".

(Para aquellos que viven fuera de los Estados Unidos de América: "me disculpo, solo síganme la corriente").

Este evangelio afirma exactamente lo opuesto. En pocas palabras: cuanto más tengas, más feliz serás.

Cómprate ese nuevo vestido o par de zapatos o palo de golf o ese cactus en maceta geométrica, y naturalmente serás más feliz.

Cambia el automóvil por un nuevo modelo, el que tiene luces LED alrededor del logo.

Busca la casa, el condominio o el apartamento más grande, y asegúrate de amueblarlo con la última tendencia de diseño, preferiblemente de Suecia o Australia.

Trabaja hasta escalar a la cima, ábrete camino a codazos si es necesario, pero consigue ese ascenso, ese aumento de sueldo, ese bono.

Si lo logras y cuando lo logres, serás más feliz. Vamos, todo el mundo sabe eso. La felicidad está ahí afuera, a solo un *clic* de

PayPal, o un nuevo conjunto de ropa, un dispositivo tecnológico, un pago de cuota del automóvil, o a una hipoteca de distancia. Fuera de tu alcance, sí, pero apenas. *Casi* estás allí. Puedes sentirlo.

Pues déjame decirte lo que todos saben: la zanahoria que cuelga delante de nuestras narices está atada a un palo.

El sociólogo francés Jean Baudrillard ha señalado que el materialismo se ha convertido en el nuevo sistema dominante de significado en el mundo occidental.[7] Él argumenta que el ateísmo no ha reemplazado al cristianismo cultural, pero el ir de compras sí.

Ahora obtenemos nuestro sentido de la vida desde lo que consumimos.

Incluso obtenemos nuestra identidad por las cosas que compramos (o vendemos). La mayoría de nosotros jamás lo admitiría, pero muchos creemos la frase que sostiene que "somos lo que compramos". O, para ser más realistas, "soy lo que visto". Soy la marca de mi teléfono móvil, el automóvil que conduzco, el vecindario donde vivo, o el lujo del que hago alarde.

Para muchas personas, las cosas no son *simplemente* cosas: son identidades.

Ir de compras es la actividad de ocio número uno en los Estados Unidos en este momento, usurpando el lugar que antes ocupaba la religión. Amazon.com es el nuevo templo. El eslogan de la tarjeta Visa, el nuevo altar. Hacer doble clic con el ratón de la computadora es la nueva liturgia. Los blogueros de viajes y lujos son los sacerdotes y sacerdotisas de hoy. El dinero es el nuevo dios.

Hay una razón por la cual el único otro dios que Jesús llamó por su nombre fue Mammón, el dios de las riquezas.[8] Mammón es un dios malo y una pésima religión para los hombres.

El surgimiento de una mentira

No siempre ha sido así, incluso en Estados Unidos. Sí, nuestra nación es un experimento social construido en torno a la búsqueda de felicidad. Pero no fue hasta hace muy poco que redefinimos la felicidad como ganar mucho dinero y poseer muchas cosas.

Apenas un siglo atrás (un destello en la línea del tiempo), el 90 % de los estadounidenses eran agricultores. La vida era dura, sí, pero también más sencilla. Se vivía mayormente de la tierra y se comerciaba con nuestros vecinos por cualquier otra cosa que necesitáramos. Casi no se usaba el dinero, y la mayoría de las cosas que se poseían entraban en la categoría de "necesidades básicas" y no en la de deseos.

Hoy en día, solo el 2 % de los estadounidenses son agricultores. El último siglo ha cambiado radicalmente la economía de nuestro país. Comenzó con la urbanización y su gemela, la industrialización. La población, en grandes multitudes, se trasladó a las ciudades en busca de trabajo, donde los bienes se producían en masa. Las dos guerras mundiales, a su vez, crearon lo que el presidente Eisenhower más tarde denominó el "complejo militar-industrial". Una vez que el tumulto de la guerra se calmó, los agentes de poder de la época tuvieron que encontrar la manera de mantener todas esas fábricas abiertas y a la gente empleada. Las fábricas de tanques se reutilizaron para hacer camisetas.

No soy un gran teórico de la conspiración, pero es un secreto a voces que después de la guerra, los magnates de las grandes empresas, los políticos de la oposición en D. C. y los "hombres locos" de la ciudad de Nueva York conspiraron para reformar la economía del país. ¿Su agenda? Crear toda una economía (y con ella una cultura) a partir del consumo. Conseguir que los hijos de unos simples granjeros gasten su tiempo y dinero comprando la última tendencia, recién salida de la línea de montaje. Fue el inicio de la "cosificación" de la sociedad americana.

Un banquero de Wall Street dijo lo siguiente:

> Debemos cambiar a los Estados Unidos de una cultura de necesidades a una cultura de deseos… La gente debe ser entrenada para desear, para querer cosas nuevas, incluso antes de que las viejas se hayan consumido por completo.
>
> Debemos dar forma a una nueva mentalidad. Los deseos del hombre deben eclipsar sus necesidades.[9]

¿Te suena como un genio malvado de una película de ciencia ficción orwelliana? Para nada. Quien dijo eso fue Paul Mazur, de Lehman Brothers.

El pionero de las relaciones industriales, E. S. Cowdrick, llamó a esto "el nuevo evangelio económico del consumo". Nota el lenguaje que él utilizó: "evangelio".

Trágicamente, el malvado plan de Mazur funcionó a la perfección.

En 1927, un periodista observó esto sobre Estados Unidos:

> Se ha producido un cambio en nuestra democracia. Se llama consumismo. El ciudadano le importa a su país primero como consumidor y luego como ciudadano estadounidense.[10]

Volvamos a la actualidad: ahora nuestra economía de *consumo* se basa en personas que gastan dinero que no tienen en cosas que no necesitan. Y todos hemos escuchado cómo nuestros apartamentos y casas tienen el doble de tamaño que en los años 50, mientras que nuestras familias son la mitad de tamaño.[11]

Una de mis memorias más vívidas es la del 11 de septiembre. Todavía recuerdo esa mañana cuando escuchaba las noticias. En la costa oeste de nuestro país era bastante temprano, y pasé la mayor parte del día en estado de *shock*.

Sin embargo, también recuerdo el discurso del presidente Bush a la nación, unas semanas más tarde. ¿Recuerdas lo que el líder del mundo libre nos animó a hacer para que nuestra nación volviera a encarrilarse?

Vayan de compras.

Esa es una interpretación un poco cínica, pero en un momento de su discurso advirtió sobre los terroristas "que atemorizan a nuestra nación a tal punto que… la gente ya no compra".[12]

Dios no permita que una tragedia como la del 11 de septiembre nos impida ir a los centros comerciales por un nuevo par de Nikes.

Aunque era solo un adolescente entonces, eso me sonaba muy extraño.

Pero lo loco es que eso fue exactamente lo que hicimos. De hecho, compramos tantas cosas y pedimos prestado tanto dinero que toda nuestra economía colapsó solo unos años después. (Ya sé, es una simplificación excesiva, pero no tanto). Digo esto no para deshonrar a un presidente por un desliz, sino para situar sus palabras en el contexto más amplio de una tendencia cultural.

Debido a que crecimos en un entorno cultural donde esto es normal y nos educaron para creer que somos seres racionales y autónomos, es fácil olvidar que gran parte de las publicidades son una forma de propaganda. Una que llega no a nuestra corteza prefrontal, sino a una parte más profunda y menos lógica de nosotros. Antes de la Segunda Guerra Mundial, las publicidades no se parecían en nada a lo que son hoy. Lo único que hacían era decirle a la gente por qué un producto era mejor que otro. Los mensajes enfatizaban la calidad, la durabilidad y la necesidad de los objetos.

Aquí hay algunos ejemplos de hace un par de siglos:

Sencillez. Durabilidad. Velocidad. Escritura visible. Máquinas de escribir Franklin.

Los famosos corsés de coralina del Dr. Warner. Están formados con coralina, el único material utilizado para corsés que puede garantizar que no se arruguen ni se rompan.

¿Cansado? Entonces bebe Coca-Cola. Alivia el cansancio.[13]

¿Te das cuenta? No se dice nada de que un producto te haga más feliz.

Pero la guerra cambió todo.

La publicidad, tal como la conocemos ahora, no comenzó en la Avenida Madison sino en otra ciudad: Berlín. Empezó con otro grupo de agentes del poder: los nazis. Ellos tomaron las ideas de un psicoterapeuta austriaco llamado Freud, por aquel entonces desconocido en el continente americano, y las utilizaron para manipular a las masas. Freud fue uno de los primeros pensadores modernos en señalar que los seres humanos no somos tan racionales o autónomos como nos gusta pensar. Constantemente tomamos decisiones irracionales basadas en lo que él llamó nuestros "impulsos inconscientes" (similar a lo que el Nuevo Testamento llama "la carne"). Somos más proclives al engaño emocional y a ser impulsados por los deseos de lo que estamos dispuestos a admitir.

Los nazis captaron las ideas de Freud (irónicamente Freud era judío) y las utilizaron para dar forma a su máquina propagandista. No apelaron a la razón, sino a los "impulsos inconscientes" del pueblo alemán. Hitler era un maestro en avivar las dos emociones humanas más básicas: el deseo y el temor.

Tras la guerra, de hecho, fue el sobrino de Freud, Edward Bernays, el pionero en implementar las ideas de su tío en los Estados Unidos. Al haber sido un oficial de inteligencia durante la guerra, después de esta se encontró en la necesidad de un nuevo trabajo. Su teoría era que si los nazis podían manipular a la gente en tiempos de guerra, seguramente los empresarios y los políticos podrían manipular a la gente en tiempos de paz. Llamó a su nueva teoría "relaciones públicas" y así se convirtió en el "padre de la publicidad americana".[14]

¿Nunca has escuchado de él? La mayoría de las personas tampoco. En su libro *Propaganda* hace grandes predicciones:

> La manipulación consciente e inteligente de los hábitos y opiniones organizados de las masas es un elemento de importancia en la sociedad democrática. Aquellos que manipulan este mecanismo imperceptible de la sociedad constituyen *un gobierno invisible que es el auténtico poder que fija las reglas en nuestro país.*
>
> Quienes nos gobiernan, moldean nuestras mentes, definen nuestros gustos o nos sugieren nuestras ideas son en gran medida personas de las que nunca hemos oído hablar...

Nos vemos dominados por un número relativamente exiguo de personas. Son ellos quienes mueven los hilos que controlan el pensamiento público.[15]

Mi objetivo con este pequeño paseo por la historia es recordarnos: la publicidad es un tipo de propaganda. Puede que su intención no sea convencerte de que mates a judíos, gitanos o personas de la comunidad LGTBQ, pero es una industria multimillonaria que está diseñada intencionalmente para mentirte, para hacerte creer que solo si compras tal producto entonces serás feliz. O al menos un poco más feliz.

Para lograr este fin, la publicidad debe hacer todo lo posible para convencernos de que nuestros deseos son en realidad necesidades. Esos cuatro mil anuncios que vemos por días han sido estratégicamente diseñados para encender el deseo en nuestras entrañas.[16]

Ya antes de que todo esto ocurriera, Mark Twain señalaba perceptivamente: "La civilización es la multiplicación ilimitada de necesidades innecesarias".[17] Como siempre, dio en el clavo. A medida que la riqueza y la tecnología siguen incrementándose, muchos psicólogos señalan que nuestra felicidad no aumenta al mismo ritmo. De hecho, algunos estudios indican que a medida que crece la riqueza de una nación, disminuye la felicidad de su población, o al menos se estabiliza. Hay algo en la psique humana que se adapta rápidamente a una nueva normalidad. Cosas que hoy clasificamos como "necesidades" —un automóvil, un teléfono, un multivitamínico diario, electricidad, agua corriente—, ni siquiera existían hasta hace poco y, sin embargo, eran muchas las personas que se sentían bastante felices sin ellas.

El periodista Gregg Easterbrook, en su libro *The Progress Paradox: How Life Gets Better While People Feel Worse* [*La paradoja del progreso: cómo el nivel de vida aumenta mientras la gente se siente peor]* señala lo siguiente:

> En la actualidad, el número de personas en Occidente que sufren depresión "unipolar" o malestar emocional incesante sin causa específica es diez veces mayor que medio siglo atrás, aun teniendo en cuenta el crecimiento demográfico. Tanto americanos como europeos tienen cada vez más "de todo" y menos felicidad.[18]

¿Qué hacemos entonces? ¿Volver a usar un hoyo en la tierra de nuestro jardín como inodoro? ¿Abandonar el uso de agua corriente? ¿Quemar nuestras tarjetas de débito? No, eso no solucionaría el problema, porque el problema no son las cosas materiales. El problema es que (1) no nos ponemos límites en el número de objetos que poseemos, debido a nuestra insaciable codicia por más. (2) Creemos que necesitamos todo tipo de cosas para ser felices cuando, en realidad, precisamos muy pocas.

Jesús y los autores del Nuevo Testamento establecieron el número de necesidades en un máximo de dos categorías: comida y vestimenta.

> Así que, si tenemos ropa y comida, contentémonos con eso.[19]

Ahora bien, Jesús y sus amigos vivían en el mar Mediterráneo y sus alrededores, donde el clima es cálido y seco. Yo vivo en el Noroeste Pacifico del país, donde hace frío y hay humedad la mitad del año, así que agregaría una cosa más a la lista: refugio.

Pero incluso la idea de vivir apenas con esa lista ampliada (comida, ropa y refugio) suena loca para la mayoría de nosotros.

¿Y si las únicas cosas materiales que necesitamos para vivir una vida abundante y satisfactoria son alimentos para comer, la vestimenta básica y un lugar para vivir? Si dudas de tu capacidad para vivir con esa sencillez y aun así desarrollarte, no estás solo.

La máquina propagandística funciona de maravilla. La mayoría de nosotros creemos la mentira que reza: más dinero y más cosas equivalen a más felicidad.

Y como todas las mentiras muy peligrosas, es una verdad a medias. Contar con más dinero te hace más feliz solo si eres *pobre*. Odio la manera en que algunos cristianos idealistas (que no son para nada pobres) romantizan la pobreza. Es horrible. Sacar a la gente de la pobreza efectivamente los hará más felices, pero solo hasta cierto punto.

Y ahora sabemos exactamente cuál es ese punto: 75 000 dólares.

La verdad acerca de las mentiras

En un estudio histórico de la Universidad de Princeton, dos mentes brillantes colaboraron en un proyecto de investigación a nivel nacional. El Dr. Daniel Kahneman, psicólogo ganador del Premio Nobel, y el Dr. Angus Deaton, un economista muy respetado, pasaron meses estudiando detenidamente los datos de cuatrocientos cincuenta mil encuestas de Gallup y concluyeron que el bienestar general aumenta con el incremento de los ingresos, pero solo hasta cierto punto. Después de ese punto te estancas o, peor, vas en declive.

Esto es lo que afirmaba Deaton:

No importa donde vivas, tu bienestar emocional puede llegar a su mejor momento cuando tus ingresos alcancen 75 000 dólares. Una vez superado ese monto, el dinero ya no juega un papel en tu felicidad. Es como si existiera un techo y no pudieras obtener mayor bienestar solo por tener más dinero.

Ahora bien, ese número corresponde a un promedio nacional. Sería mucho menos para, digamos, un estudiante universitario que vive en Sarasota Springs, que para una familia de cinco que vive en San Francisco. En el resumen que hace de la investigación de Kahneman y Deaton, Jennifer Robison sostiene que: "ciertamente, con 75 000 dólares no se llega muy lejos en las grandes ciudades…, y es entendible que un alto costo de vida haga que incluso grandes sumas se sientan como insignificantes". Aun así, el estudio indica que "75 000 es el límite aún en las grandes ciudades donde vivir es más caro".[20]

Al parecer, una vez que llegas a lo que la mayoría de los occidentales clasifican como una vida de clase media, el dinero y lo material simplemente no pueden cumplir con lo que prometen: la felicidad.

Cuando se le preguntó al magnate petrolero John Rockefeller cuánto dinero era suficiente, él respondió: "solo un poco más".

Para hacerlo más claro, la mentira es la siguiente: más dinero (y con ello más cosas materiales) te hará más feliz.

¿Pero quieres saber la verdad? Ser pobre es algo tremendamente difícil y pertenecer a la clase media es un verdadero regalo, pero por encima de ese nivel entra en juego la ley de los rendimientos decrecientes. De hecho, más dinero implica más problemas. Cualquiera que sea la categoría en la que entres socioeconómicamente, lo que más importa en la vida no es lo material: son las relaciones con la familia, los amigos y, sobre todo, con Dios.

¿Ves cuán invertido está el mensaje que nuestra cultura nos transmite sobre el dinero y las posesiones? Richard Foster calificó a nuestra visión cultural de las cosas materiales como "psicótica", en el sentido de que ha perdido completamente el contacto con la realidad. Sabiamente observó: "En Occidente somos conejillos de indias en un gran experimento económico de consumo".[21]

En mi opinión, la espera ha terminado y el veredicto ya ha sido revelado: con el paso del tiempo podemos ver el daño catastrófico que el materialismo está ejerciendo en el alma de nuestra socie-dad. Esta mentira que todos creemos está haciendo estragos en nuestra salud emocional y nuestra vida espiritual. Un crítico cultural la denominó "afluenza".[22] Es como si una enfermedad nos prometiera hacernos felices por 49,99 dólares, cuando en realidad se tratara de un hombre en las sombras tirando de nuestros hilos, robando nuestro dinero y, con él, nuestro gozo.

Todo esto me recuerda a un versículo del salmo 39: "Ilusorias son las riquezas que amontona, pues no sabe quién se quedará con ellas".[23]

Un motor para la prisa

Una de las muchas razones por las que la felicidad está disminu-yendo en Occidente, incluso cuando el índice Dow está subiendo, es porque el materialismo ha acelerado a nuestra sociedad a un ritmo frenético e insostenible.

Como dijo perspicazmente Alan Fadling:

El impulso a tener posesiones es un motor para la prisa.[24]

Cada pequeña cosa que compras no solo te cuesta dinero sino también *tiempo*.

Piénsalo de esta forma: te compras esa motocicleta que siempre soñaste tener. Estupendo. Lo entiendo, yo tenía una. Y la extraño. Diviértete, intenta no morir, pero asegúrate de hacer los cálculos antes de firmar la compra. *Todos* los cálculos. Tener una motocicleta cuesta mucho más que la cuota mensual de 250 dólares que está por encima de tu presupuesto. Te cuesta tiempo: tienes que trabajar más horas en tu trabajo para pagarla. Tienes que moverte *más rápido* a lo largo del día para terminar todas tus tareas. Tienes que conservar tu motocicleta limpia y darle mantenimiento. Cuando se rompe tienes que mandarla a un mecánico. Y, por supuesto, además, debes montarla. Todo esto te quita mucho tiempo. Ahora bien, quizás estés en una etapa de tu vida donde tienes mucho tiempo libre, y tal vez decidas que pasear en motocicleta es una experiencia vivificante para tu alma. Estupendo. No estoy ni remotamente en contra de eso. Tengo un vago recuerdo de una temporada similar cuando aún no teníamos a los niños. Sin embargo, cuando hagas tu análisis de costo-beneficio, no olvides hacer todo el cálculo completo: no solo estás pagando dinero por esa experiencia, sino también tiempo.

Y menos tiempo significa mayor prisa.

Ya sea que nos gusten las motocicletas, las zapatillas deportivas o el animé japonés, la mayoría de nosotros tiene demasiadas cosas a su alrededor como para disfrutar de la vida a un ritmo saludable y sin prisa.

¿Recuerdas esa predicción en la era Nixon de que a estas alturas todos trabajaríamos tres o cuatro horas cada mañana y jugaríamos golf por la tarde, mientras los robots se ganarían la vida por nosotros? ¿Qué sucedió con eso? Bueno, parte de la historia es que elegimos el dinero y otras cosas por encima del tiempo y la libertad. Preferimos un nuevo proyector 4K para una noche de cine en lugar de "una vida sin prisas con, paz y poder".[25] En lugar de invertir nuestro dinero para conseguir más tiempo, optamos por lo opuesto: invertimos nuestro tiempo para conseguir más dinero.

Por lo tanto…

Tengo una idea loca.

¿Estás listo?

¿Y si Jesús estaba en lo cierto?

Quiero decir, ¿y si realmente sabía de lo que estaba hablando?

Nos olvidamos de que Jesús fue el maestro más inteligente que jamás haya vivido. Sus enseñanzas no son solo correctas en un sentido moral arbitrario, sino que son efectivamente *buenas*. En eso consiste la moralidad, en la buena y verdadera manera de vivir.

Es un grave error pensar en las enseñanzas de Jesús como una especie de ley arbitraria y socialmente construida, como el límite de velocidad. ¿Quién dice que tiene que ser de cuarenta y cinco millas por hora? ¿Por qué no cincuenta y cinco? ¿Y si tuviera el nuevo Tesla?

Las enseñanzas morales de Jesús no son en absoluto arbitrarias. Son leyes, sí. Pero las leyes morales no son diferentes de las leyes científicas como E = mc2 o la gravedad.[26] *Son argumentos sobre cómo funciona el universo.* Y si ignoras estas leyes, no solo rompes tu relación con Dios, sino que también vas en contra de esa corriente del universo que Él creó. Saldrás lastimado.

Muchas de las enseñanzas de Jesús (especialmente aquellas que hacían mención al dinero y las posesiones) eran narrativas sobre cómo funciona el mundo en realidad.

Hay más dicha en dar que en recibir.[27]

Observa que no se trata de un mandato, mucho menos de una ley arbitraria. Es una observación contradictoria de la condición humana.

No se puede servir a la vez a Dios y a las riquezas.[28]

Vuelve a notar que no es un mandamiento. No dijo "*No deberías* servir a ambos, a Dios y al dinero". Dijo "no se puede".

La vida de una persona no depende de la abundancia de sus bienes.[29]

Una vez más no vemos en sus palabras una orden al estilo: "no compres más de tres pares de zapatos". Él solo hacía declaraciones sobre la manera en que la vida funciona. Las cosas más importantes de la vida no están en tu armario, ni en tu garaje, ni en tu portafolio digital. No es ahí donde se encuentra "la abundancia".

¿Ves lo que estaba haciendo? Estaba enseñando lo que es verdadero. Si le creemos o no es otro asunto. De cualquier manera, sus ideas sobre el dinero y las posesiones corresponden a la realidad. La nuestra, a la psicopatía.

Ahora una dosis de confesión. Crecí leyendo la Biblia de tapa a tapa cada año, y cerca de septiembre siempre llegaba a las enseñanzas de Jesús. Dicen que algo así como el 25 % de las enseñanzas de Jesús están relacionadas con el dinero y los bienes. Básicamente, ninguna de ellas es positiva. De donde sea que haya salido el "evangelio de la prosperidad", no salió de Jesús. Sinceramente, cuando leía sus palabras sobre el dinero, me estremecía por dentro. Sonaban muy fuertes. Casi que al mismo nivel que el celibato y el ayuno. O sea, si tenía que vivir esas enseñanzas, sentía que me quitaría todo el gozo en la vida.

Como muchos de mis conciudadanos norteamericanos, no creía en el evangelio del reino. Aún no confiaba (eso es lo que implica creer) en que Jesús era un gran maestro, un observador astuto de la condición humana, y que sus enseñanzas no eran solamente correctas, sino que también eran la mejor forma de vivir.

No fue hasta que empecé a incursionar en el minimalismo (hablaré de eso más adelante), y que con esto se desatara inmediatamente un torrente de gozo y paz en mi vida, que comencé a tomarme en serio las enseñanzas de Jesús sobre el dinero. Todavía puedo recordar vívidamente la tarde en la que esa verdad me atropelló como un tren de carga: Jesús tenía razón.

Cielos...

Realmente, este estilo de vida es mejor, más libre.

Siendo brutalmente honesto, en ese momento esta era una idea sorprendentemente virgen para mí.

Luego comencé a cuestionarme todos los supuestos de mi cultura. Seguí el consejo de Tyler Durden: "Rechaza los supuestos más básicos de la civilización, especialmente la importancia de las posesiones materiales". (Y sí, esa fue una cita de la película *El club de la pelea*).[30]

Empecé a hacerme preguntas por las que la policía secreta de la publicidad me haría desaparecer:

- ¿Y si la fórmula "mayores posesiones equivale a más felicidad" es un mal cálculo?

- ¿Y si tener más cosas equivale a mayor *estrés*? Más horas en la oficina, más deuda, más años trabajando en un empleo que no es mi vocación, más tiempo gastado en limpiar y mantener y arreglar, en actualizar y organizar y reorganizar, y en jugar con toda la chatarra que ni siquiera necesito.

- ¿Y si tener más posesiones materiales en realidad implica tener *menos* de lo que más importa? Menos tiempo. Menos libertad financiera. Menos generosidad, la cual según Jesús es la que trae el verdadero gozo. Menos paz mientras me apuro a encontrar un lugar para estacionar en el centro comercial. Menos enfoque en lo que verdaderamente importa en la vida. Menos espacio mental para la creatividad. Menos relaciones. Menos margen. Menos oración. Menos de lo que realmente anhelo.

- ¿Qué pasaría si rechazara los mensajes de mi cultura como una verdad a medias, en el mejor de los casos (si no una mentira total), y viviera según otro mensaje? ¿Otro evangelio?

Jesús y el "ojo maligno"

A pesar de todas las críticas que reciben los pastores por hablar demasiado sobre el dinero (mucha de ella es bien merecida), Jesús en verdad dijo mucho sobre esto.

Echemos un vistazo más de cerca a Mateo 6 y la enseñanza más profunda sobre el tema, en el famoso Sermón del Monte. Curiosamente, el dinero ocupa alrededor del 25% del sermón.

Esto es lo que dijo en primer lugar:

> No acumulen para sí tesoros en la tierra, donde la polilla y el óxido destruyen, y donde los ladrones se meten a robar. Más bien, acumulen para sí tesoros en el cielo, donde ni la polilla ni el óxido carcomen, ni los ladrones se meten a robar. Porque donde esté tu tesoro, allí estará también tu corazón.[31]

En otras palabras: no inviertas todo tu tiempo y energía (y dinero) en cosas que expiran y se oxidan y pasan de moda, y que pueden ser arrebatadas de la parte trasera de tu coche si estacionas en la calle demasiado lejos de las luminarias. En lugar de eso, pon tu vida en las cosas que verdaderamente importan, como tu relación con Dios y la vida en su reino. Porque donde deposites tus recursos es donde depositas tu corazón. Es el volante de tu motor del deseo.

Luego Jesús dice lo siguiente:

> El ojo es la lámpara del cuerpo. Por tanto, si tu visión es clara, todo tu ser disfrutará de la luz. Pero si tu visión está nublada, todo tu ser estará en oscuridad. Si la luz que hay en ti es oscuridad, ¡qué densa será esa oscuridad![32]

Si estás pensando: *espera, ¿qué tiene que ver la optometría con el dinero?*, déjame decirte que este es un modismo del primer siglo que se pierde en nuestros oídos modernos. En los días de Jesús, si la gente decía que tenías un ojo "sano", esto tenía un doble significado. Significaba que: (1) estabas enfocado y vivías la vida con un alto grado de intencionalidad y (2) eras generoso con los pobres. Cuando mirabas el mundo, veías a los necesitados y hacías todo lo posible por ayudar. Un ojo "malsano" (o como dice la versión Reina Valera, "ojo maligno") era exactamente lo contrario. Implicaba que cuando mirabas al mundo, te distraía todo lo que brillaba y perdías el foco de lo que realmente importaba. Eso hacía que, a su vez, cerraras tu puño ante la necesidad de los pobres.

Finalmente, Jesús lleva todo hasta la línea de meta:

> Nadie puede servir a dos señores, pues menospreciará a uno y amará al otro, o querrá mucho a uno y despreciará al otro. No se puede servir a la vez a Dios y a las riquezas.[33]

De nuevo, *nadie puede*, no *nadie debería*.

Para Jesús no es una opción. No puedes servir a Dios y al sistema.[34] Es simplemente imposible vivir a la manera libre de Jesús y a la vez ser absorbidos por el consumo excesivo que es normal en nuestra sociedad. Ambos son excluyentes. Tienes que elegir.

Y si estás indeciso al respecto, como lo estuve yo durante años, comparto contigo la siguiente frase de Jesús, que fue decisiva para mí:

Por eso les digo: No se preocupen por su vida.[35]

Observa como Jesús conectó el dinero y las posesiones con la *preocupación*.

¿Lo puedes ver?

Las palabras "por eso" son vitales. Entrelazan tres cortas enseñanzas sobre el dinero y los bienes con una enseñanza extensa
sobre la preocupación (lee el final de Mateo 6 para una versión
completa). ¿Cuál es su conclusión? Nos preocupamos por lo que
adoramos. Si adoras al dinero, te comerá vivo.

¿Quién quiere eso? Nadie.

Ahora estamos listos: la sencillez

¿Cómo nos bajamos de este carrusel de la Gehena [palabra judía
que hace referencia al infierno]? ¿Hay alguna práctica o disciplina
que podamos sacar de la vida y las enseñanzas de Jesús que
nos ayude a librarnos de los hábitos del materialismo occidental
que drenan nuestra alma, y a vivir la vida que Dios quiere?

Es una pregunta capciosa. Por supuesto que la hay. La práctica se
llama "sencillez", aunque puede tener otros nombres.

Vida simple: la cual es un poco más esclarecedora. Eso es
agradable.

Frugalidad: así la llamaban los monjes, pero esa palabra ha
perdido todas sus connotaciones positivas, así que la evito.

Minimalismo: es el nombre que blogueros y escritores han
usado recientemente para referirse a lo que es una versión
secular de una antigua práctica, actualizada para el pudiente
mundo occidental. Me gusta.

En este capítulo usaré las palabras *sencillez* y *minimalismo* para
hacer referencia a lo mismo de forma intercalada.

Para empezar, ¿qué es exactamente el minimalismo?

Bueno, empecemos por lo que *no* es.

En primer lugar, no es un estilo de diseño o arquitectura.

Mucha gente escucha la palabra "minimalismo" y piensa en un hogar moderno con diseño angular, muebles de alta gama, una paleta de color blanco y negro, pulcritud de revistas y, por supuesto, nada de niños.

Si tienes un trastorno obsesivo compulsivo y eres un fanático de la limpieza, un entusiasta de la arquitectura perfeccionista como yo, con un extraño gusto por los monasterios y el Museo de Arte Moderno de Nueva York, ese tipo de descripción te entusiasma.

A la mayoría de las personas no.

Pero oye, tengo buenas noticias para ti: no es necesario que te guste el diseño moderno para ser minimalista. Puedes interesarte por el renacimiento del estilo español-californiano o el estilo *kinfolk* naturista *chic*, o por un estilo de los 80's con sus viejas máquinas de videojuegos con un toque Boba Fett. Cualquiera que sea tu estilo, está bien.

En segundo lugar, el minimalismo no es pobreza. No es un hogar desnudo, un armario vacío, una vida sin gozo y sin libertad para disfrutar de las cosas materiales. El objetivo es exactamente lo opuesto: tener *más* libertad.

Una vez más, la gente escucha "minimalismo" y piensa en la casa de Steve Jobs, en una sala de estar vacía con nada más que una silla y una lámpara (oye, al menos era un sillón Eames Lounge en color nogal. El hombre tenía buen gusto).

El minimalismo no se trata de vivir sin *nada*. Se trata de vivir con *menos*.

En tercer lugar, el minimalismo no implica organizar tus posesiones o limpiar tu cochera cada primavera, o hacer una limpieza de tu armario por novena vez. Tampoco es correr al supermercado para comprar veinte contenedores de plástico y una pistola de etiquetas.[36]

Que Dios bendiga a Marie Kondo —su trabajo es grandioso—, pero yo argumentaría que "organizar" es la antítesis del minimalismo. ¡Si tienes tantas cosas que debes organizarlas, empaquetarlas, etiquetarlas y apilarlas de una manera que reduzca el espacio que ocupan, entonces lo más probable es que tengas demasiados objetos!

(A no ser que vivas en un pequeño apartamento en San Francisco o Nueva York, en cuyo caso tienes una excusa).

¿Qué pasaría si tuvieras solo lo que necesitas, y no precisaras organizar nada? Esa es una idea que vale la pena tener en cuenta.

Entonces, ¿qué es el minimalismo o sencillez, o como te guste llamarlo? Aquí hay algunas definiciones que encuentro útiles.

Joshua Becker, un seguidor de Jesús y expastor que ahora escribe sobre el minimalismo a tiempo completo, lo definió de esta manera:

> La promoción intencionada de las cosas que más valoramos, retirando todo lo que nos distrae de ello.[37]

Richard Foster y Mark Scandrette nos brindan otra buena definición:

"Es una realidad interna que da como resultado un estilo de vida externo".[38]

O también:

"...elegir aprovechar el tiempo, el dinero, los talentos y las posesiones de modo que estos se orienten hacia las cosas que realmente importan".[39]

Ten en cuenta que la sencillez no tiene que ver con el dinero y las posesiones, se trata de toda tu vida. Como dijo alegremente Thoreau después de ir al bosque durante un experimento de varios años en la vida simple:

¡Sencillez, sencillez, sencillez! Que tus asuntos sean dos o tres y no cien o mil... ¿Por qué deberíamos vivir con tanta prisa desperdiciando nuestras vidas?[40]

¿Ves cómo él une los puntos entre la sencillez y la prisa? Muy perceptivo.

Para vivir de esta manera, tenemos que reducir todos nuestros recursos, tanto en tiempo como en dinero. Como dijo una vez San Francisco de Sales, obispo de Ginebra: "En todo, ama la sencillez".[41] Me encanta esa parte: *en todo*.

El objetivo no es solo hacer una limpieza y orden de tu armario, sino limpiar y ordenar tu *vida*. Despejar esa miríada de distracciones que no hacen más que aumentar nuestra ansiedad y alimentar nuestra necesidad por tonterías interminables, anestesiándonos frente a lo que verdaderamente importa.

Para seguir con las definiciones, aquí hay algunas frases sobre el desorden:

Cualquier cosa que no agregue valor a mi vida.[42]

Cualquier cosa que no encienda mi gozo.[43]

Demasiadas cosas en un espacio demasiado pequeño, (…)
cualquier cosa que ya no usamos o amamos, y (…) cualquier
cosa que haya conducido a una sensación de desorgani-
zación.[44]

La meta es vivir con un alto grado de intencionalidad en torno a
lo que realmente es esencial, que para los que somos discípulos
de Jesús no es otra cosa que Jesús mismo y su reino.

Si eres una persona cínica y actualmente piensas: *¿acaso esto no
es solo para la gente rica?*

Pues sí.

La gente pobre no lo llama "vivir de manera simple". Ellos simplemente lo llaman *vivir*. No leen libros sobre minimalismo, sino que
oran por justicia social.

Sin embargo, si estás leyendo este libro lo más probable es que
no seas pobre. De nuevo, y sin ningún viaje de culpa, pongamos
las cosas en perspectiva: si ganas veinticinco mil dólares al año
o más, estás en el diez por ciento más alto de la riqueza mundial.
Y si ganas treinta y cuatro mil dólares al año o más, estás entre el
uno por cierto más rico del mundo.[45]

Escucha el mandato que el apóstol Pablo tenía para darles a los
ricos de Éfeso:

A los ricos de este mundo, mándales que no sean arrogantes
ni pongan su esperanza en las riquezas, que son tan inseguras…

Mándales que hagan el bien, que sean ricos en buenas obras, y generosos, dispuestos a compartir lo que tienen.

De este modo atesorarán para sí un seguro caudal para el futuro y obtendrán la vida verdadera.[46]

Este es Pablo haciendo referencia a la enseñanza de Jesús en Mateo 6. ¿Puedes ver la cita ahí? Estaba diciendo lo mismo: la sencillez es realmente la manera en la que nos acercamos y obtenemos "la vida que es verdaderamente vida".

Por años leí este pasaje y creía que era para *otras personas*. Conozco a alguna gente adinerada, pensaba que estos versículos hablaban sobre ellos, no sobre mí. Yo crecí en el contexto de la clase media. Teníamos una casa, lo cual era una bendición, aunque nuestras vacaciones eran ir a acampar o quedarnos en la cabaña de mis abuelos. La ropa que usaba nunca fue de marca. Recuerdo que en la escuela primaria se burlaban de mí sin piedad por mis zapatos feos. Rara vez comíamos fuera, así que nunca pensé en mí como alguien pudiente.

Irremediablemente, también crecí sin conocer la realidad de la pobreza global y la forma en que muchas personas, especialmente las de color, viven aquí en nuestro propio país.

Pero incluso *si no* fuera rico (aunque resulta que sí lo soy) no estoy libre de culpa. La mayoría de las enseñanzas de Jesús sobre el dinero no estaban destinadas a los ricos. De hecho, probablemente la mayoría de su audiencia era pobre.

Piensa en Jesús. La sencillez es una práctica que está enteramente basada en su vida. Les voy a romper un mito: Jesús no era tan pobre como mucha gente afirma. Antes de convertirse en rabí, era artesano y seguramente ganaba un salario digno. Una vez que empezó a enseñar a tiempo completo, fue sustentado económicamente por un grupo de donantes pudientes (en su mayoría mujeres de clase alta) que pagaban sus gastos de viaje y comida.[47] Hasta precisó de uno de sus discípulos para administrar el presupuesto (claro que eso no terminó saliendo muy bien, pero…). Era amigo de pobres y ricos, pero hay muchas historias acerca de Él que lo involucran comiendo y bebiendo en la casa de uno de sus amigos adinerados. Tanto es así que los autores de los evangelios admiten que se lo acusaba de ser "un glotón y un borracho".[48] Incluso en la cruz, los soldados romanos echaron suertes por sus prendas, lo que significa que valían algo. Juan incluso escribió: "Tomaron también la túnica, la cual no tenía costura, sino que era de una sola pieza, tejida de arriba abajo".[49]

En la vida y la instrucción de Jesús vemos esa tensión que está latente a lo largo de todas las Escrituras. Por un lado, el mundo y todo lo que en él habita "es bueno", y está destinado a ser disfrutado y compartido con los necesitados. Por otro lado, contar con demasiada riqueza es peligroso, porque tiene el potencial de alejar nuestro corazón de Dios. Cuando eso sucede, nuestros corazones codiciosos y desviados causan estragos y sabotean nuestra felicidad y también la de los demás, ampliando la brecha entre ricos y pobres y dañando, incluso, al mismo planeta.

Vemos a Jesús viviendo felizmente en medio de esa tensión. Un minuto está disfrutando de una buena comida en casa de un amigo y al siguiente está advirtiendo sobre lo que el dinero puede hacerle al corazón.

Para ser justos debemos decir que, sin lugar a dudas, en esa pugna Jesús claramente se puso del lado del minimalismo dejando a un lado el materialismo. Como señaló Richard Foster: "una actitud despreocupada hacia las posesiones [es lo que] marca la vida en el reino".[50] Y Jesús exhibió esta actitud despreocupada increíblemente bien.

Seguir a Jesús, especialmente en el mundo occidental, es vivir en medio de esa misma tensión entre el goce agradecido y feliz de las cosas bonitas y agradables y la sencillez. Y en caso de caer en la duda, es preferible pecar de minimalista y generoso que de lo contrario.

La práctica

Entonces, ¿estás listo para comenzar?

Una de mis cosas favoritas de la forma en que enseñaba Jesús, era cómo usualmente terminaba sus enseñanzas con pequeñas prácticas creativas para mostrarnos cómo vivir en el día a día sus cautivantes ideas sobre el reino.[51] Hagamos esto.

Primero daremos con algunos principios, luego con la práctica en sí. Ten en cuenta lo siguiente: estos son principios, no reglas. Se trata de vivir más libremente, no con más reglamentos. Aquí van mis doce mejores:

1. Antes de comprar algo, pregúntate: ¿cuál es el verdadero costo de este objeto?

Volviendo al ejemplo de la motocicleta, piensa en lo que costará limpiar, reparar, mantener, asegurar, financiar, etc., el artículo. Es más que solo el precio de la factura. ¿Realmente puedes pagarlo? ¿Cuánto tiempo me costará ser dueño de esto? ¿Con qué frecuencia lo usaré? ¿Agregará valor a mi vida y me ayudará a disfrutar aún más de Dios y su mundo? ¿O simplemente va a distraerme de lo que realmente importa?

Finalmente mide también la prisa. ¿Qué es lo que hará esto con el ritmo de mi vida? ¿La acelerará o desacelerará?

2. Antes de comprar, hazte la pregunta: al comprar esto, ¿estoy oprimiendo al pobre o dañando al planeta?

Sabemos muy bien que el nivel de consumo de los estadounidenses está haciéndole mucho daño a la Tierra. Los científicos sostienen que se necesitarían algo así como cinco planetas Tierra para que todos los habitantes del mundo dejen la misma huella ecológica que el norteamericano promedio.[52] Piensa en algo tan común como el poliéster, que ahora se encuentra presente en un sorprendente 50% de nuestra indumentaria y no es biodegradable. ¿Ese lindo atuendo atlético? *Nunca* va a desaparecer. Terminará en un vertedero. PARA SIEMPRE.

Algunos de nosotros nos preocupamos profundamente por los problemas ambientales; otros, no tanto. Lo entiendo. Pero la Tierra no es la única víctima de nuestro consumo excesivo.

Quedé profundamente conmocionado y perturbado hace algunos años al enterarme del lado oscuro de la globalización. No tenía idea de que gran parte de los artículos de mi hogar fueron fabricados de manera injusta, algunos haciendo uso del tráfico de personas y del trabajo infantil.

Tomemos como ejemplo a la industria textil, que ha cambiado desde la era *Mad Men* [famosa serie estadounidense de los 60]. En la década de 1960, el 95 % de nuestra indumentaria se fabricaba en Estados Unidos. En ese entonces, los estadounidenses gastaban un promedio de 10 % de su presupuesto anual en ropa y poseían muy pocos artículos.

En la actualidad, solo el 2 % de nuestra ropa se confecciona en los Estados Unidos, y gastamos solo alrededor del 4 % de nuestro presupuesto anual en ella, lo que resulta en una disminución del 500 %. ¿Cómo es que nuestra vestimenta se volvió tan barata? Bueno, las corporaciones multinacionales comenzaron a fabricarla en lugares como Vietnam y Bangladesh, donde la corrupción del gobierno es muy común y los funcionarios hacen poco o nada para detener la explotación de los trabajadores. Cosas como el salario mínimo, el seguro médico y los sindicatos, son palabras ajenas. Lo más probable es que los trabajadores trabajen de seis a siete días a la semana en fábricas sofocantes, a menudo en condiciones inseguras con poca o ninguna protección.[53]

Y estamos hablando de *mucha* gente. Una de cada seis personas en el mundo trabaja en la industria textil. Eso nos da una aproximación de 1.5 mil millones de personas. Para quienes se interesan en el feminismo, no es un dato menor que el 80 % sean mujeres. *Menos del 2 % de ellas gana un salario digno.*

No es de extrañar que tengamos la costumbre de llamar a un artículo muy barato "un robo" [en inglés *"steal"* o robo se usa de forma contraria al español, ya que nosotros lo usamos para los objetos que nos parecen caros]. Eso es exactamente lo que es. Una estafa. Y no somos ningún Robin Hood que le roba a algún CEO ultraadinerado al que vemos como villano. Es más probable que le estemos robando a una madre soltera en Myanmar que simplemente intenta proveer para su familia.

Es fácil publicar algo en Instagram sobre el hecho de que hay veintiocho millones de esclavos en el mundo de hoy y necesitamos #acabarconeso. Me parece grandioso. Estoy totalmente de acuerdo, genuinamente. Sin embargo, la mayor parte de la ropa que usamos en nuestras *selfies* (que tomamos en nuestro dispositivo móvil, fabricado en alguna parte de la China rural) es lo que causa esa esclavitud, no lo que acaba con ella.

Por mucho que quiera creer que la esclavitud es cosa del pasado, ¿qué hacía la mayoría de los esclavos afroamericanos? Cultivaban algodón para fabricar ropa.

3. Nunca compres de forma impulsiva.

Es asombroso la cantidad de dinero que podemos gastar de imprevisto solo porque vemos un par de zapatos que "debemos tener".

A pesar de que ya tengamos unos diez pares de zapatos.

A pesar de que no tengamos ningún atuendo que combine bien con ellos.

A pesar de que fueron fabricados de manera injusta, usando un poliéster que existirá PARA SIEMPRE en un vertedero.

Y así podría seguir...

También me asombra el hecho de que si ejerzo el dominio propio y no compro un artículo, el deseo desaparece rápidamente.

Como regla general, cuando veas un objeto que deseas comprar, deja pasar un tiempo. Cuanto más grande sea el artículo, más deberías esperar. Piénsalo bien. Dale tiempo a tu mente racional para que se ponga al día con tu carne irracional. Ora al respecto. Recuerda: Dios no está en contra de las cosas materiales. Él creó el mundo para que lo disfrutes y hay belleza en ello. Pero si una compra no tiene su bendición, ¿realmente la quieres en tu vida?

Te sorprendería lo bien que puedes sentirte al *no* comprar algo.

4. Cuando compres, opta por menos cosas pero de mejor calidad.

A menudo, en un intento por ahorrar dinero, terminamos comprando muchos artículos fabricados a bajo precio (y por lo general en establecimientos donde existe explotación laboral), en lugar de vivir sin ellos por un tiempo hasta poder comprarlos, más tarde, con una calidad que hará que duren. "Cómpralo una sola vez" es un gran lema para guiarse. Si no puedes comprar una versión de alta gama de lo quieres, considera buscar el mismo objeto usado. De cualquier forma, al final vas a estar ahorrando dinero. Además, si Jesús estaba en lo cierto, si todo nuestro ingreso le pertenece y somos administradores de sus recursos, entonces este parece ser el camino por el cual ir.

Aun así, antes de que vayas y compres un bien de alta calidad, vuelve a hacerte la pregunta: *¿realmente necesito esto?*

El diseñador William Morris tiene una buena regla empírica al respecto: "No tengas nada en tu hogar cuyo uso desconozcas o que no consideres bello".[54]

Recuerda: el mundo está constantemente pensando: "¿cómo hago para obtener más?", pero los aprendices de Cristo nos preguntamos: "¿cómo puedo vivir con menos?"

5. Cuando tengas la oportunidad, comparte.

La economía colaborativa tiene sus desventajas, pero es ideal para una vida sencilla. Aplicaciones como *Lyft* y servicios de uso compartido de automóviles como *Car2go* hacen que sea fácil moverse por las ciudades sin ser dueño de un coche. Los sitios de alquiler vacacional como *VRBO* te permiten disfrutar de la playa sin tener una casa allí. Sin mencionar el beneficio de la vida en comunidad. Comparto todo tipo de cosas con mi comunidad. ¿Por qué comprar una hidrolavadora? Matt tiene una.

Como dijo un padre de la iglesia primitiva: "Tenemos todo en común entre nosotros, menos las esposas".[55]

Una frase muy buena.

6. Cultiva el hábito de regalar cosas.

¿Recuerdas las palabras de Jesús: "Hay más dicha en dar que recibir"? Claro que te sientes bien estrenando una camiseta nueva, pero es tremendamente vivificante ayudar a un niño a salir de la pobreza o simplemente ayudar a un amigo en necesidad.

¿Quieres una vida más bendecida? Empieza a dar. Generosamente. Regularmente.

Cuando recién inicié mi camino en el minimalismo, mi parte favorita era regalar cosas que yo no precisaba a personas que efectivamente le darían un buen uso.

Desde entonces nuestra familia ha incluido un pequeño gesto llamado "gozo de bendecir" en nuestro presupuesto mensual. No es mucho, pero es lo suficiente como para estar atento a las personas con necesidad y, a la vez, divertirnos jugando al amigo secreto.

Menos compras equivale a más dinero para compartir, lo que a su vez resulta en una vida más bendecida.

7. Vive con un presupuesto.

Resulta un poco extraño tener que agregar esto a la lista, pero me sorprende la cantidad de personas que no viven con un presupuesto establecido.

Un presupuesto es mucho más que una forma de evitar endeudarse, por más vital que eso sea. Un presupuesto vendría a ser para tu dinero lo que una agenda es para tu tiempo. Es una manera de asegurarse de que tu tesoro está siendo destinado al lugar correcto y no está siendo dilapidado.

Hay todo tipo de recursos excelentes para hacer un presupuesto al estilo de Jesús, pero la clave, en realidad, es simplemente hacerlo.[56] Y luego, si estás dispuesto a hacerlo, comparte tu presupuesto con tu comunidad o un amigo cercano. Cada año, Matt y yo rehacemos nuestros presupuestos juntos. Él tiene el mío, yo tengo el suyo. Nos permitimos opinar sobre los hábitos de gasto de cada uno en cualquier momento. También implementamos una regla en la que nos consultamos y tenemos que obtener la aprobación del otro para cualquier compra de más de mil dólares.

Irónicamente, desde que establecimos esa regla, no he tenido que usarla.

8. Aprende a disfrutar las cosas sin poseerlas.

Una peculiaridad de nuestra cultura es que creemos que necesitamos poseer algo para disfrutarlo. No es así. Disfruto profundamente del parque cercano a mi casa. También de nuestra biblioteca local y de los libros que puedo llevarme de allí. Igualmente, disfruto el hecho de sentarme en un café de la Calle 12 de mi distrito, donde el precio de entrada a una zona de diseño estelar en el centro del pueblo es de apenas dos dólares, precio por el que también obtengo una taza de café guatemalteco. No poseo ninguna de estas cosas, pero las disfruto. Tú también puedes hacerlo.

9. Cultiva una profunda apreciación por la creación.

Hablando de cosas que son gratis, ¿has estado saliendo al aire libre últimamente? Que yo sepa, el oxígeno aún sigue siendo gratis y los parques públicos están a poca distancia en auto. La creación, especialmente en aquellos sitios que aún no han sido tocados por la civilización, tiene el potencial para despertar nuestra alma hacia el Creador de maneras que pocas cosas pueden lograrlo. Invoca gratitud y asombro. Si el materialismo nos roba la espiritualidad, el mundo material tiene en sí el efecto contrario: vuelve a espiritualizar nuestra alma.

10. Cultiva una profunda apreciación por los placeres simples.

Cuanto más envejezco, más disfruto de las cosas simples: una taza de café o té por la mañana, una comida casera con mi familia, ir en bicicleta al trabajo en un día de verano. Estas experiencias suelen costar muy poco, pero dan enormes dividendos de felicidad.

Cada paseo vespertino, cada amanecer, cada buena conversación con un viejo amigo es un potencial portal para disfrutar gozosa y agradecidamente de la vida en el mundo que Dios creó.

Esta postura de vida habla menos sobre nuestros ingresos y más sobre nuestra relación con el tiempo, así como del tipo de atención que le damos a Dios y su bondad.

Hay una razón por la cual el sabio de Eclesiastés, en el apogeo de su riqueza, escribió: "Nada hay mejor para el hombre que comer y beber, y llegar a disfrutar de sus afanes".[57]

Se trata de disfrutar las pequeñas cosas, ¿entiendes?

11. Llama a la publicidad por lo que es: propaganda. Expón la mentira.

Como dijo de forma tan provocativa mi cuáquero favorito: "Niégate a dejarte programar por los custodios de la fabricación de modernos artefactos superfluos".[58]

Esto en verdad me divierte. Es una de esas pocas veces donde siento que el sarcasmo y Jesús van de la mano. Me encanta convertir esto en un juego que hago con mis hijos. Cuando vemos un anuncio publicitario, hacemos una pausa y exponemos la mentira.

¿Ves ese anuncio de un Volvo nuevo? ¿La pareja modelo conduciendo en los fiordos noruegos? ¡Ja! Muy bueno. Como si comprar ese coche nos hiciera lucir como modelos. La verdad es que...

La crianza de los hijos puede ser divertida.

12. Dirige una protesta alegre y gozosa contra el espíritu del materialismo.

Se decía de San Francisco de Asís y su banda de seguidores que "dirigían una rebelión alegre y gozosa contra el espíritu del materialismo".[59] Veían que difundir el mensaje de la vida simple de Jesús iba de la mano con difundir su mensaje de gozo. No tienes que estar de mal humor o todo tenso por la poca cantidad de calcetines que tienes en tu armario. Solo sonríe, relájate y deja que el gozo sea tu arma en la lucha.

A menudo escuchamos la frase "menos, pero mejor".

¿Y si verdaderamente menos *es* mejor?

Este es el mensaje que nuestra cultura debe escuchar.

Yo digo que es tiempo de revolución. ¿Quién está conmigo?

Por dónde arrancar

Un buen lugar para comenzar a simplificar tu vida es el armario. Lo más probable es que, incluso si eres un estudiante universitario de bajos recursos (la ironía de esa oración), tienes un ropero; y la mayoría de nosotros tiene *demasiada* ropa.

La primera vez que revisé mi armario, decidí limitar mi guardarropa a seis conjuntos por temporada. Uno para cada día de la semana, con el domingo como día para elegir mi propia aventura. Literalmente tenía pegada a la puerta de mi armario una agenda de vestuario. Si me encontrabas los lunes siempre me veías usando mi sudadera gris y jeans negros.

Al año siguiente volví a hacer lo mismo. En esa segunda ronda noté que usar diferentes conjuntos todos los días era ridículo. Para ese entonces también era consciente de las injusticias que había detrás de la industria de la moda, lo cual hacía que comprar ropa fuera una tortura.

Así que volví a hacer un recorte y lo bajé a tres conjuntos por temporada. Ahora llevaba mi sudadera gris los lunes, miércoles y viernes. Me encantaba.

Recientemente bajé a dos conjuntos para todo el verano. Voy alterando cada día, y me siento genial. Me encanta cada atuendo.

Ambos fueron hechos con ética laboral y respetando el medio ambiente. Y, que yo recuerde, es la primera vez que tengo dinero extra en mi presupuesto para la ropa y no necesito gastarlo. Tampoco tengo el deseo de hacerlo.

Me siento libre.

Ahora bien, parto del principio de que la mayoría de nosotros tenemos demasiadas cosas dando vueltas en nuestras casas o apartamentos, aunque entiendo que no es el caso de todos.

La clave es comenzar donde creas que puedes crecer. Si tienes un ropero lleno y unos veinte pares de zapatos, pues bien, arranca por ahí. Si es alguna colección de artefactos de alguna serie de los años 80's, pues entonces comienza allí. Si tienes una obsesión fetichista con las tazas de café, pues ya sabes lo que tienes que hacer.

Recuerda: la pregunta que debemos hacernos constantemente como seguidores de Jesús, no es qué haría Jesús, sino qué haría Jesús *si fuera yo*. Si Él tuviera mi género, mi nivel de ingreso, mi estado civil, mi estatus, si hubiera nacido el mismo año que yo, si viviera en mi ciudad.

¿Cómo se vería eso?

Seguir a Jesús es hacerse esa pregunta hasta nuestro último aliento.

El costo del contentamiento

Para concluir, la sencillez no es la respuesta a la prisa que tiene el mundo moderno. (No hay una fórmula mágica, ¿recuerdas?). No obstante, es *una* de las respuestas. Incluso es una respuesta fácil. Solo debes deshacerte de la basura que acumulas y ya no necesitas. Irónicamente, no es una respuesta barata. Te va a costar, y mucho.

Como señaló Dallas Willard con tanta perspicacia, el costo del discipulado es alto, pero el costo de no ser discípulo es aún mayor.[60]

Sí, vas a pagar un precio por seguir a Jesús y vivir su sencillo estilo de vida. Aunque el costo será mayor si *no* lo haces. Te costará dinero y tiempo, una vida justa y el regalo de tener una conciencia tranquila, así como tiempo de oración, y la posesión de un alma sin apuros. Sobre todo, te costará "una vida que es verdadera".

Últimamente me he puesto a pensar en la frase de Pablo a los filipenses:

> Todo lo puedo en Cristo que me fortalece.[61]

Escucho que la gente saca esa frase de contexto todo el tiempo. La usan para recaudar dinero en las ofrendas de la iglesia, para conseguir ese ascenso en el trabajo, para luchar contra el cáncer o hasta criar una familia. Todas buenas razones. Sin embargo, ¿sabes a qué hacía referencia Pablo en el contexto en que lo escribió?

Al contentamiento.

La oración anterior al versículo que leímos es la siguiente:

> Sé lo que es vivir en la pobreza, y lo que es vivir en la abundancia. He aprendido a vivir en todas y cada una de las circunstancias, tanto a quedar saciado como a pasar hambre, a tener de sobra como a sufrir escasez.[62]

Yendo al contexto, Pablo no estaba hablando de superar el Goliat analógico de nuestra vida. Estaba escribiendo acerca de uno de los peores enemigos del alma del hombre, antes y después de Edward Bernays: el descontento. Este fastidioso sentimiento de querer siempre *más*. No solo más cosas materiales, sino más *vida*. Quizás lo que desees a continuación no sea algo material: podría ser graduarte, casarte, tener hijos, un mejor trabajo, jubilarte, o lo que sea que constituya un horizonte para ti.

No obstante, siempre hay algo que está *fuera* de nuestro alcance. Vivimos con lo que el historiador Arthur Schlesinger llamó "un descontento inextinguible"[63] o lo que el poeta de Eclesiastés describe como "correr tras el viento".[64]

El contentamiento no es la negación de todos los deseos, como hacen los budistas. Es vivir de tal manera que tus deseos insatisfechos ya no frenan tu felicidad. Todos vivimos con anhelos sin satisfacer. En esta vida todas nuestras sinfonías quedan inconclusas, pero esto no significa que no podamos vivir felices.

La verdad es que puedes ser feliz aquí y ahora, "en Cristo que te fortalece"; es decir, invirtiendo tus recursos en una conexión relacional continua con Jesús. Puedes vivir una vida rica y satisfactoria, seas rico o pobre, soltero o casado, infértil o contando los días para que tus cuatro hijos se vayan de casa, teniendo éxito en el trabajo de tus sueños o con un empleo de salario mínimo. Ahora mismo tienes todo lo que necesitas para vivir una vida feliz y en contentamiento: tienes acceso al Padre, a su completa atención de amor.

¿Quién hubiera pensado que el yugo era tan fácil?

Serenar el paso

Me gustan las reglas.

Listo, lo dije.

¿Por qué todo el mundo odia las reglas? ¿Qué daño les hicieron? ¿Hubo alguna reciente cleptocracia imperialista de las reglas que me haya perdido?

Las normas me hacen sentir seguro. Cuando estoy familiarizado con ellas puedo respirar fácilmente.

Sé que estás pensando: "oh, vamos, hermano… ¡por favor!"

Los prejuiciosos me van a juzgar, pero soy del tipo de personalidad J en la clasificación Myers-Briggs. Y, bueno, me gusta contar con un plan. Literalmente, me siento antes de iniciar mi día libre y diagramo un plan de cómo pasarlo hora por hora.

Puedes burlarte de mí todo lo que quieras, pero normalmente tengo un excelente día libre.

Soy lo suficientemente mayor y (con suerte) lo bastante sabio para conocer mi personalidad y reírme de ella, viviendo de una manera que funcione para mí y sin juzgar a mis amigos antinómicos, que tienen otros tipos de personalidad o están en otras etapas de la vida. Habiendo dicho eso, he notado que las personas que se oponen a las reglas, por lo general también se oponen a los horarios y las agendas; y las personas antiagendas suelen vivir de manera *reactiva*, más que *proactiva*. Son más pasajeros que conductores, más consumidores que creadores. La vida pasa por encima de ellos, más que *por medio* de ellos.[1]

Aquí les va una obviedad: tenemos paz interior cuando nuestra agenda está alineada con nuestros valores. Lo pongo en otras palabras para los aprendices de Jesús: si nuestros valores son vivir la vida con Jesús y crecer en madurez hacia el amor, el gozo y la paz, entonces nuestros horarios y el conjunto de actividades que componen nuestros días y semanas, que en conjunto constituyen esencialmente nuestras reglas de vida, son las formas en que logramos la paz interior.

Antes de que ustedes —los-antinormas-de-personalidad-P en el inventario tipológico de Myers Briggs— se avergüencen y arrojen este libro al otro lado de la habitación, piensen: ¿No podría ser divertida una regla de la vida?

Hay una nueva idea dando vueltas en la literatura de autoayuda que se llama *ludificación*. Básicamente, el objetivo es usar pequeños juegos en tu crecimiento personal. Un libro publicado recientemente sobre este tema, que ha sido un éxito de ventas, se llama *Super-Better: The Power of Living Gamefully*

[Súper-mejor: el poder de vivir jugando].[2] Me gusta eso. Ahora tengo una nueva meta: vivir jugando.

Así que, aprovechando la persona lúdica que soy ahora, siempre estoy al acecho de pequeños juegos que pueda jugar, de "reglas" divertidas, creativas y flexibles para desacelerar el ritmo general de mi vida apresurada.

Estas reglas han estado dando vueltas por mi mente hace mucho tiempo, así que un día me senté y las puse por escrito. El resultado es este capítulo. Algunas de ellas son profundas y significativas, la mayoría son raras y extravagantes. Tú tómate el trabajo de elegir y seguir las que quieras. Roba aquellas que te suenen divertidas, pon los ojos en blanco con el resto.

Antes de que iniciemos, puedes estar pensando: "espera, ¿cómo pueden ser estas reglas disciplinas espirituales?" Bueno, pues en cierto nivel no lo son. Y está bien que así sea, hasta quizás sea más sabio de esta forma. Jesús vivió en una aldea del primer siglo, no en una ciudad del siglo veintiuno. Jesús no conducía un automóvil ni recibía mensajes de texto ni se daba una escapadita a la noche a Taco Bell. Lo que verás a continuación son prácticas modernas, basadas en mi experiencia como un seguidor de Jesús en medio de la ciudad, siendo padre de familia, teniendo un dispositivo móvil inteligente, acceso permanente a wifi, etc. ¿Podría ser que necesitemos algunas nuevas disciplinas espirituales para sobrevivir al mundo moderno? ¿Hábitos contrarios para librar la guerra contra lo que el futurista David Zach llamó "sobrevivir: movernos en lo superficial de la vida"?[3]

Así que si bien no vas a encontrar estas normas en ningún manual de disciplinas espirituales, sí vas a encontrar a más y más maestros de este estilo de vida hablando sobre ellas como una forma de protestar a la normalidad de *sobrevivir.*

John Ortberg y Richard Foster etiquetaron esta práctica emergente como la disciplina espiritual de "ir más despacio".[4] Ortberg la definió como "cultivar la paciencia eligiendo deliberadamente colocarnos en situaciones en las que simplemente tenemos que esperar".[5]

La idea básica detrás de la práctica de ir más despacio es esta: desacelera a tu cuerpo, desacelera tu vida.

Somos criaturas corpóreas, personas íntegras. Nuestra mente es el portal a nuestra persona, así que nuestra manera de pensar tiene ramificaciones en cómo experimentamos a Dios. Sin embargo, la mente no es el único portal.

Esta es una de las razones por las cuales son pocos los occidentales que ayunan hoy en día. Lo que antes era una práctica fundamental en la manera de vivir de Jesús, se ha quedado en el camino.[6] Nos cuesta comprender una práctica que puede cambiar nuestra manera de vivir a través de nuestros estómagos. Estamos tan acostumbrados a libros, a transmisiones digitales, conferencias universitarias y enseñanzas en la iglesia que, a menudo, olvidamos que no somos cerebros con piernas. Somos seres íntegros. Personas holísticas, conjuntas, complejas y llenas de una vertiginosa cantidad de energía. Así que nuestras formas de acercarnos a Jesús deben ser igual de integrales, usando nuestra mente *y* nuestro cuerpo.

Y si podemos reducir la velocidad en ambos —el ritmo en el que pensamos y el ritmo al que movemos nuestros cuerpos en el mundo material—, tal vez podamos ralentizar nuestra alma a un compás que pueda probar y ver que el Señor es bueno.[7] Y que la vida en el mundo creado por Él es buena también.

Habiendo dicho eso, aquí van veinte ideas que ayudarán a ralentizar su ritmo de vida a nivel general. Si, veinte (les advertí que me gustaban las reglas).

Comencemos por algo que la mayoría de nosotros hacemos diariamente: conducir un automóvil. Aun si vives en medio de la ciudad como yo, y caminas o vas en bicicleta la mayor parte del tiempo, es muy probable que conduzcas muchas veces. Yo vivo en pleno centro de la ciudad, pero aun así manejo dos o tres veces a la semana. A continuación, te ofrezco algunas ideas para ludificar tu tiempo de manejo y que este se ajuste a la disciplina espiritual de ir más despacio.

1. Conduce respetando el límite de velocidad.

¡Qué idea tan revolucionaria, nunca antes pensada en un libro! Si la señal de tránsito indica que vayas a veinticinco millas por hora, *¡conduce a veinticinco millas por hora!* No a treinta o a treinta y tres por hora (no intentes sacar un mínimo de ventaja).

Para tener en cuenta: tampoco vayas por debajo del límite de velocidad, es muy molesto. Hará que todos te odiemos.

Que sea justo en el blanco.

A veces realizo cosas simples como esta solo para desintoxicar mi cerebro de su adicción a la dopamina y la gratificación instantánea de una vida de velocidad. En este caso, lo hago de forma literal.

2. Entra al carril de menor velocidad.

Disfruta junto a las abuelas y sus coches clásicos, o junto a esos transportes de carga de Walmart.

Acomódate. Siente el volante, la ruta. Disfruta del paisaje a tu alrededor. Usa ese tiempo como una oportunidad para ejercer la práctica de estar presente: con Dios, con el mundo que te rodea, con tu propia alma.

Si lo piensas, el tiempo que pasas conduciendo es un buen momento para orar. Algunos de mis mejores momentos de oración son los viajes en automóvil por la mañana. Como mencioné antes, normalmente uso mi bicicleta para desplazarme por el centro de donde vivo, pero cada tanto doy un paseo en coche por la ciudad, temprano por la mañana, para ir a terapia. Por lo general, odio conducir (es una de las razones por las que me encanta vivir en la ciudad, donde hay otros medios de transporte) pero, cuando me toca, espero con ansias a que llegue ese día, porque sé que es un buen momento para disfrutar de la compañía de Jesús.

3. Detente por completo al llegar a la señal de "PARE".

Nada de obviar este paso, como hacen en California.

Por cierto, la próxima vez que intentes hacerlo, observa lo difícil que es. Tal vez es porque soy de California, o quizás porque siento que no me estoy moviendo lo suficientemente rápido, o hasta porque siento que no soy lo suficiente... Allí es donde veo ese corazón desordenado: justo escondido bajo la superficie de mi prisa.

4. No envíes mensajes de texto mientras conduces.

No debería necesitar decirlo; después de todo, es *ilegal*. Además, es causa de miles de muertes al año. Nuestro apuro nos está matando, literalmente.

Pero hay una razón por la que la mayoría de nosotros enviamos mensajes de texto mientras manejamos, incluso cuando sabemos que es ilegal y que es un asunto de vida o muerte. Somos tan adictos a la dopamina que nos brindan nuestros dispositivos móviles, que literalmente no podemos permanecer sentados en nuestros automóviles, escuchando música o las noticias, orando o conversando con quienes nos acompañan en el viaje. Nos vemos obligados a tomar nuestros teléfonos y ponernos en riesgo (no solo a nosotros sino también a los demás) para recibir nuestra dosis.

¿Recuerdas los años 50's, cuando las personas simplemente "conducían"? De acuerdo, yo nací en los 80's, así que en realidad no lo recuerdo, pero seguramente entiendes la idea. Advierto que lo que diré es un estereotipo de género: en esa época los hombres usaban guantes; las mujeres, pañuelos coloridos en la cabeza. Volvamos a poner de moda el conducir.

5. Preséntate a tus citas diez minutos antes y sin teléfono móvil.

¿Qué podrías hacer si tuvieras diez minutos completos de ocio? ¿Te pondrías a leer esas revistas que ponen sobre la mesita de la sala? ¿Quizás a hablar con la persona que está esperando su turno a tu lado, o a leer un libro?

Te doy una idea: ¿Y si oras?

6. Ponte en la fila más larga para pagar en el supermercado.

¡Ah, seguro debes odiarme ahora! En una cultura obsesionada con la eficiencia, ¿por qué haríamos eso? Eso sería, literalmente, perder tiempo a propósito.

Bueno, esta es la razón por la que lo hago (a veces, no siempre): es una forma de desacelerar mi vida y lidiar con la prisa que tengo en el alma. Me da unos minutos para salir de la droga de la velocidad. Para orar. Para hacer un inventario de mis signos vitales espirituales y emocionales. Para que cuando me acerque al cajero/a pueda expresar el amor del Padre hacia él o ella, ya sea saludándolo, haciéndole algunas preguntas o, simplemente, agradeciéndole. (Esto es lo que debería hacer, en lugar de lo que hago por defecto: pagar mis artículos mientras respondo algún mensaje de texto del trabajo o mientras escucho una transmisión en mis auriculares; en fin, mientras trato al pobre empleado del supermercado como si fuera un cajero automático en vez de un alma).

No obstante, aquí va una motivación mucho más profunda: es sabio que, de manera regular, nos neguemos a nosotros mismos lo que deseamos, ya sea a través de una práctica tan intensa como el ayuno o tan pequeña como elegir la fila de pago más larga. De esa manera, cuando alguien nos niega algo que deseamos, no respondemos con ira. Ya estamos habituados. No necesitamos salirnos con la nuestra para ser felices. Naturalmente, llegar a este estado puede llevarnos un tiempo a la mayoría de nosotros. Así que comienza de a poco, eligiendo la fila tres.

7. Convierte tu teléfono inteligente en un teléfono lerdo.

Hace algunos años atrás, el artículo de Jake Knapp "Mi año con un iPhone sin distracciones (y cómo comenzar tu propio experimento)" explotó en internet como una bomba, y muchos de nosotros nos unimos al movimiento.[8]

De acuerdo, no hay ningún movimiento. Solo estamos mi amigo Josh y yo, pero estamos trabajando para convertirlo en eso.

Desde entonces nuestro eslogan ha sido "el teléfono lerdo". Creo que entiendes la idea.

No hay una lista oficial, pero esto es lo que sugerimos:

- Quita el correo electrónico de tu teléfono móvil.

- Quita todas las redes sociales de tu teléfono. Transfiérelas a una computadora de escritorio y establece horas programadas para verificarlas cada día o, idealmente, una vez a la semana.

- Desactiva tu navegador web. Soy un poco indulgente con esto, ya que odio navegar por la web en mi teléfono y lo uso solo cuando la gente me envía enlaces. Pero esto suele ser una faceta clave de un teléfono lerdo.

- Elimina todas las notificaciones, incluidas las de mensajes de texto. Configuré mi dispositivo de manera que tenga que (1) desbloquearlo y (2) hacer clic en el icono de mensajes de textos para (3) ver si me entró un mensaje. Esto fue un cambio radical para mí.

- Deshazte de las aplicaciones de noticias o, al menos, de las alertas de noticias. Son del diablo.

- Elimina todas las aplicaciones que no necesitas o que no te hacen la vida más fácil, y mantén todas las aplicaciones maravillosas que sí hacen la vida mucho más fácil: mapas, calculadora, Alaska Airlines, etc. Estas son el tipo de aplicaciones que Knapp las puso en una carpeta y las etiquetó "el futuro".

- Consolida dichas aplicaciones en unas pocas carpetas simples para que tu pantalla de inicio esté libre y limpia.

- Finalmente, configura tu teléfono y ponlo en modo escala de grises. Esto hace algo neurobiológicamente en nosotros que no soy lo suficientemente inteligente como para explicar. Algo que tiene que ver con la disminución de la adicción a la dopamina. Búscalo en Google.

Si ahora mismo estás pensando: "¿por qué simplemente no te consigues de esos teléfonos plegables de años atrás?" tienes un buen punto. Así que...

8. Consigue un teléfono plegable de los viejos o deshazte de tu celular para siempre.

Para los post-hipsters con dinero, consigan el teléfono Punkt o el Light Phone II. Para el resto de nosotros, vayamos hasta nuestra tienda de T-Mobile local, que sorprendentemente tiene opciones interesantes.

9. Conviértete en el padre de tu teléfono móvil. Ponlo a dormir antes de que tú lo hagas.

Los teléfonos móviles de mi esposa y mío "se van a dormir" al mismo tiempo que mis hijos: 8:30 p. m., en punto. Literalmente los ponemos en modo avión y los guardamos en un cajón de la cocina. De lo contrario, perdemos mucho tiempo y quemamos nuestros cerebros con la luz de la pantalla, en lugar de relajarnos para dormir con un buen libro o, ya sabes, haciendo cosas de pareja.

10. Mantén tu teléfono móvil apagado hasta después de la hora de quietud en la mañana.

Las estadísticas son inquietantes: el 75 % de las personas duerme junto a sus dispositivos móviles, y el 90 % de nosotros revisamos nuestros teléfonos tan pronto despertamos.[9]

No puedo pensar en una peor manera de arrancar mi día que leyendo un mensaje de texto de mi trabajo; echando un vistazo al correo electrónico, aunque sea uno rápido (seguro...); revisando las redes sociales o leyendo una alerta de noticias sobre algo indignante que ocurrió.

Esa es una receta infalible para la ira, no el amor; para la angustia, no el gozo. Y, definitivamente, no es una receta para la paz interior.

Escucha: no dejes que tu teléfono móvil determine tu equilibrio emocional y que tus fuentes de noticias configuren tu visión del mundo.

A riesgo de quedar como una persona amarga y politizada, déjame decirte que la "libertad de prensa" es un mito. Sí, la prensa está libre de la supervisión de Washington D. C. [donde ejercen los poderes ejecutivos, legislativos y judiciales del país], y estoy totalmente a favor de eso, pero, aun así, la prensa es esclava del resultado final. El periodismo es una actividad lucrativa —así es el capitalismo, amigos—, no importa cuán izquierdista pueda parecer el periodista. Y la realidad es que, por razones tanto neurobiológicas como teológicas, *las malas noticias venden*. Y las malas noticias con títulos engañosos que involucran a celebridades (en otras palabras: contenido sin sentido), venden aún más.

Como resultado, nuestras fuentes de noticias matutinas nos proporcionan una imagen distorsionada del mundo. No solo están sujetas a intereses sociopolíticos completamente seculares (tanto de derecha como de izquierda), sino que también tienen la mira puesta en todo aquello que está mal en el mundo y raramente muestran *lo que está bien* porque las malas noticias son las que traen ganancias.

No me malinterpretes: no digo que tengas que hacer la vista ciega a toda la injusticia que hay en el mundo. No digo que te tapes los oídos y hagas como si nada.

Lo que quiero decir es: permite que la *oración* sea la que establezca tu estado de ánimo emocional y que las *Escrituras* sean las que moldeen tu cosmovisión. Inicia el día en el espíritu de la presencia de Dios y en la verdad de su Palabra.

Mis amigos de la iglesia Red Church en Melbourne, Australia, tienen este dicho: "gánale al día". A lo que se refieren es que, al inicio del día, coloques tu teléfono al otro lado de la casa, y no lo vuelvas a mirar hasta que tengas tu tiempo de devoción con Dios.

Te recomiendo mucho que adoptes esta disciplina. Esto también fue un cambio radical para mí. Es una manera de mantener bien establecidas mis prioridades. Y, más que eso, es una forma de arrancar mi día permaneciendo sentado en una atmósfera de amor, paz y gozo, y no dejándome arrastrar por los sentimientos de prisa, ansiedad e indignación hacia el mundo.

Repito, nada de esto debe tomarse de forma legalista. Estas ideas son simplemente límites autoimpuestos para mantener la trayectoria de mi vida encaminada.

11. Establece horarios para los correos electrónicos.

Esta no es solo una sugerencia mía. Básicamente, todo autor de libro de autoayuda, gurú de gestión del tiempo, experto en eficiencia laboral, bloguero especialista, etc., dice lo mismo.

No tengas el correo electrónico en tu dispositivo móvil.

No entres a echarle una mirada a tu correo cuando tienes minutos libres en el ascensor o durante una reunión de trabajo aburrida.

No respondas a cualquier correo que llegue durante el día.

En lugar de eso, establece un horario para dedicarte al correo y cúmplelo a rajatabla.

Yo me doy el lujo de responder los correos una vez a la semana. Cada lunes a las diez de la mañana, abro mi bandeja de entrada y no paro hasta que me quede cero por responder. Para el resto de la semana tengo una respuesta automática que básicamente dice "me pondré en contacto contigo el lunes".

Hay algunas desventajas con mi abordaje pero, en mi opinión, las ventajas son mayores.

Para la mayoría de las personas esto puede resultar poco realista, lo entiendo. Descubre lo que funciona para ti. Por lo general, los expertos recomiendan que no revises tu correo más de dos veces al día, digamos, por ejemplo, a las nueve de la mañana y a las cuatro de la tarde: es decir al inicio de tu día laboral y al final de este. Cada vez que lo hagas, intenta que la cantidad de mensajes sin responder se quede en cero. Si hay una tarea, no la dejes esperando en alguna cadena de tu bandeja de entrada, sino que pásala a alguna lista material de cosas pendientes que debes hacer más tarde.

A menos que trabajes como asistente ejecutivo o en algún tipo de empleo que requiere vigilancia constante del correo electrónico, esta práctica te ahorrará horas cada semana. Recuerda: cuánto más le dediques a tu correo, más se llenará de nuevos mensajes. Es lo que termina pasando. Por eso, cuando regresas de unas largas vacaciones esperas que te lleve tres días responder todo el correo y, no obstante, terminas empleando solo unas pocas horas. Y es que la mayor parte se pudo resolver, ¡sorprendentemente!, sin ti.

Y vaya si eso no se siente bien.

12. Establece un horario y un límite de tiempo para las redes sociales (o sal de ellas completamente).

En la misma línea de pensamiento, las redes sociales son un agujero negro. Funcionan bien como herramienta, pero rara vez las usamos solo de esa forma.

"Tengo que" estar en las redes sociales a causa de mi trabajo. (Está bien, en realidad no tengo que estar en ellas, pero me encanta escribir. Y como muchas personas en la economía del conocimiento, tengo que comercializar mi trabajo. Por lo tanto, estoy en Twitter que *shhh*, no digan nada, pero lo detesto. No es exactamente el mejor lugar para los matices, el pensamiento profundo y la cortesía). Así que hago lo mismo con Twitter que con el correo electrónico: me encargo una vez a la semana. No está en mi teléfono, así que me conecto desde mi computadora portátil en la oficina, respondo todos los tuits (me he destacado por responder una semana tarde) y luego configuro la aplicación para que salgan dos publicaciones semanales.

Aborrezco Facebook: es la escoria del cristianismo conservador. Lo siento, lo dije. Te doy permiso para que publiques algo horrible sobre mí en tu página para demostrar mi teoría.

Disfruto de Instagram, porque es visual y puedo seguir la vida de mis amigos. Sin embargo, no me permito mirarlo más de una vez al día. De lo contrario, devora mi tiempo y, con ello, mi gozo. Afortunadamente ahora hay aplicaciones geniales que te cortan el acceso automáticamente una vez que alcanzas el tiempo asignado por día.

Claramente no soy alguien divertido para seguir en las redes, y estoy bien con eso. Me interesa mucho más ponerme de pie el domingo y tener mucho más que doscientos ochenta caracteres que decir. Así que dedicaré mi tiempo a eso.

13. Entierra a tu televisor.

¿Alguno recuerda esa pegatina para los coches? ¿O soy el único?

Te cuento un secreto. Yo tenía esa pegatina en mi auto, un Volkswagen. Es un cliché, lo sé.

Sin embargo, a diferencia de mis amigos de la banda indie rock, yo estoy acercándome a mi quinta década y puedo decir que nunca he comprado un televisor. Claro que en la época de las transmisiones en línea y los dispositivos inteligentes, lo que acabo de decir significa menos que antes.

La televisión (y su hermano, el cine) consume la mayor parte de lo que llamamos tiempo libre, incluso más que las redes sociales. Para el estadounidense promedio eso significa más de unas cinco horas al día o treinta y cinco horas a la semana. (Algo a tener en cuenta: el número es más bajo para los *millennials*, pero eso es solo porque pasamos mucho tiempo en las redes sociales. Somos más adictos al entretenimiento, no menos).[10]

Esta es la única adicción en la cual los atracones todavía son aceptados socialmente. Ahora la gente tiene sus "días de Netflix", donde se pasan un día entero (o un fin de semana completo) viendo varias temporadas de la última serie en boca de todos. Es como el *sabbat*, pero de una forma terriblemente equivocada.

Netflix informa que su usuario promedio ve una serie entera en cinco días, y que millones de personas se dan atracones de temporadas a lo largo de doce horas en un solo día.[11]

Cuando se le preguntó sobre la competencia de Amazon Prime y otros servicios de transmisión emergentes, Reed Hastings, el CEO de Netflix, se encogió de hombros. Su respuesta fue que su mayor competencia es *el sueño*.[12]

Y para que no pienses que mi cruzada es solo contra el tiempo perdido, recuerda, aquello a lo que le prestamos atención termina formando a la persona en la que nos convertimos, para bien o para mal. Como solían decirme mis padres: "La basura que entra, es la basura que sale de ti". Cada *cosita* que dejamos entrar a nuestra mente tendrá un efecto en nuestra alma.

Si llenas tu mente de fornicación, de representaciones irreales de belleza, romance y sexo, de violencia y búsqueda de venganza, de ese sarcasmo secular cínico al que llamamos "humor", del desfile de riqueza ostentosa o, simplemente, de banalidad pura, ¿cómo crees que eso moldeará nuestra alma?

Honestamente, hay muy poco que pueda mirar en la televisión como discípulo de Jesús. Un aspecto central en la visión de Jesús sobre la prosperidad del ser humano es llevar una vida libre de lujuria (ver Mateo 5:27-30, el Sermón del Monte). Estoy completamente a favor del arte e incluso del entretenimiento. Sin embargo, hay muy poco cine que pueda ver que no incite a la lujuria, junto a otras de las cosas mencionadas anteriormente. Desde la década de 1920, Hollywood ha estado a la vanguardia de la búsqueda del enemigo enfocada en degradar la sexualidad y el matrimonio, y desensibilizar a nuestra sociedad respecto al pecado. ¿Por qué ponérsela fácil?

De vez en cuando salgo de ver una película o de un programa con una sensación de asombro, maravilla, sobriedad o hasta sabiduría. Pero esos momentos inspiradores ocurren muy de vez en cuando.

¿Por qué mejor no bajarse de ese tren de la locura? Entierra tu televisor. Quiero decir, si lo deseas, quítale la vida de forma literal. Un amigo mío arrojó el suyo por la ventana. Es solo una idea.

O aquí va una idea más agradable: establece un límite en tu consumo de entretenimiento. Tú decides el número de horas. ¿Dos a la semana? ¿Cuatro? ¿Diez? Tan solo ponlo muy por debajo del estándar de treinta y cinco.

Nuestro tiempo es nuestra vida y nuestra atención es el portal a nuestros corazones.

14. Tareas de a una a la vez.

Una de las razones por las que soy tan farisaico con mi teléfono móvil, correo electrónico y redes sociales es porque me he dado cuenta de lo obvio: el hacer *multitasking* es un mito. Literalmente. Solo Dios es omnipresente. Yo habito un cuerpo, un cuerpo que puede hacer solo… una… tarea… a… la… vez…El *multitasking* es solo un juego de manos para alternar entre muchas ocupaciones diferentes, de modo que pueda hacerlas todas mal en lugar de hacer una sola bien.

En palabras de una mente mucho más brillante, el filósofo Byung-Chul Han:

La actitud hacia el tiempo y el medio ambiente que conocemos como *multitasking*, no representa un progreso de nuestra civilización…

Se trata más bien de una regresión. En efecto, el *multitasking* está ampliamente extendido entre los animales salvajes. Es una técnica de atención imprescindible para la supervivencia en la selva...

El animal salvaje está forzado a distribuir su atención en diversas actividades. De este modo, no se halla capacitado para una inmersión contemplativa...

No solamente el *multitasking* sino también actividades como los juegos de ordenadores suscitan una amplia pero superficial atención, parecida al estado de vigilancia de un animal salvaje... La preocupación por la buena vida... cede progresivamente a una preocupación por la supervivencia.[13]

O mira esta frase del legendario Walter Brueggemann:

La multitarea es el impulso de ser más de lo que somos, de controlar más de lo que podemos, de extender nuestro poder y nuestra efectividad. Tal práctica produce un yo dividido, con plena atención prestada a nada".[14]

Aparentemente no soy el único que quiere volver a poner de moda el hacer una tarea a la vez.

Ya no más eso de escribir un correo electrónico mientras compartes un tuit y envías un mensaje en iMessage, escuchas música y charlas con Sarah, la del cubículo de al lado en tu oficina abierta.

(¿Cómo te va con eso de todos modos?)

Quiero estar *plenamente* presente en el momento: con Dios, con otras personas, con el mundo y con mi propia alma. Eso es más que suficiente para llevarse mi atención. Más tarde puedo revisar el clima y buscar en Google *La guerra de las galaxias: episodio X.*

15. *Camina más lento.*

De acuerdo, más información sobre mi familia de origen. Mi padre tiene el tipo de personalidad A, como yo. Cuando era niño, nos enorgullecía lo rápido que caminábamos. Puede sonar extraño, pero es cierto. Recuerdo las compras de Navidad en el centro comercial con mi papá. Pasábamos volando por delante de los demás compradores: *¡Tontos! ¡Vamos a ganarles a todos!*

Mi esposa es latina, de una cultura más cálida. Ella camina lentamente. De hecho, hace la mayoría de las cosas más despacio. ¡No puedo contarte cuántas discusiones tuvimos por la velocidad de nuestro paso! No lo estoy inventando, fueron muchas.

Avancemos hacia el día de hoy y hacia mi revolucionaria vida más lenta. He notado que muchos de los mejores seguidores de Jesús que conozco (mentores, directores espirituales, los creyentes más experimentados y sabios) casi todos caminan despacio. Y no es porque estén apagados o fuera de forma o tengan asma. Lo hacen a propósito, de manera deliberada. Es el subproducto de años de aprendizaje bajo el yugo fácil.

No hace mucho estuve en San Francisco con un hombre mayor que sigue a Jesús de una manera realmente genial. Decidimos salir a dar un paseo en lugar de sentarnos a tomar un café. Nos habían dado en el cronograma un par de horas para hablar y no tener que estar en ningún otro lugar; sin embargo, me sentía molesto por el ritmo al que caminaba este hombre. Apenas calificaba como caminar: deambulaba. Cada vez que tenía algo más interesante para decir, se detenía por completo, se volvía hacia mí y lo decía despacio.

Me encontré dando golpecitos con los pies y sintiéndome agitado: vamos, date prisa.

Luego me di cuenta: *¿a dónde rayos estoy intentando llegar tan rápido? ¡En realidad no tenemos que estar en ningún otro lugar!*

Ay, ay, ay…

A lo que quiero llegar es a que una de las mejores formas de ralentizar tu ritmo de vida es, *literalmente*, desacelerando todo tu cuerpo. Esfuérzate por moverte en el mundo a un ritmo relajado.

Todos los neoyorquinos deben odiarme en este momento. En su defensa, ellos siempre *tienen* un lugar en el que deben estar.

Recientemente, mi esposa T. y yo salimos a caminar y nos peleamos un poco. Nada pesado, solo una pequeña escaramuza.

Ella estaba caminando demasiado rápido…

16. Tómate un día para el silencio y la solitud de forma regular.

Yo me tomo un día entero al mes para estar solo. De nuevo, no es un consejo para que lo tomes al pie de la letra. A mí a veces se me olvida tomármelo. No obstante, cuando lo hago, me levanto temprano. Si el clima está lindo me dirijo a la isla Sauvie, cuarenta minutos de manejo río arriba. En invierno reservo una habitación en una abadía trapense. Estoy solo con los monjes.

Es un día en el que voy despacio y me tomo las cosas a la ligera. Un día de leer y orar mucho y, ocasionalmente, de tomarme alguna siesta.

Es un día al estilo "sabático" pero un poco distinto: es mi momento para centrarme. Compruebo mi pulso. Veo si realmente estoy viviendo de la forma en la que quiero vivir, en línea con mis convicciones. Miro y analizo el mes anterior, reviso en mi agenda el mes que tendré próximamente. Saco el plan de vida y metas anuales que tengo por escrito, rastreo mi progreso. Escribo en mi diario las formas en las que siento que Dios me hace invitaciones.

No puedo expresar lo suficiente cuán edificante es para mí la práctica de tomarme un día de silencio y solitud.

Sí, soy un introvertido; supongo que la mayoría de las personas no lo son.

Sí, soy pastor, tengo horarios semiflexibles, eso también lo entiendo.

Pero creo que esta es una disciplina prudente para todos los tipos de personalidades, y mucho más factible de lo que la gente se da cuenta.

Ojalá más gente hiciera esto. Ojalá las mamás jóvenes hicieran esto mientras sus esposos cuidan a los niños un sábado al mes (y viceversa). Ojalá los universitarios hicieran esto para evitar ser absorbidos por la locura de la vida universitaria, donde las enfermedades mentales están cada vez más en niveles epidémicos. Ojalá los empresarios hicieran esto para asegurarse de que el balance de sus vidas se ve mejor que el de sus empresas. Desearía que la gente creativa, espontánea, antiagendas, del tipo de personalidad P en la clasificación Myers-Briggs, hiciera esto para evitar que hermosas y cortas vidas pierdan años en distracciones efímeras.

Desearía que tú lo hicieras.

Puedes hacerlo.

17. Comienza a escribir un diario.

No suelo escribir mucho en mi diario, solo lo suficiente como para mantenerme enfocado y justificar la Moleskine [marca italiana de cuadernos y agendas] en mi escritorio. Escribo lo mínimo en mi día mensual de solitud y silencio. Anoto cualquier desarrollo clave que haya tenido ese mes, cualquier sueño o palabra profética que haya recibido, o las direcciones en las que siento que el Espíritu Santo me esté guiando.

Este lento y catártico acto de escribir tu vida es fundamental. Es un ancla para el alma en medio del huracán del mundo moderno.

Si no te gusta escribir, haz blogs de videos o un diario de notas de voz. O siéntate un momento y procesa tu vida con Dios. El objetivo es que disminuyas la velocidad de tu día lo suficiente como para que puedas observar tu vida desde afuera.

Como decían los griegos: "Una vida no examinada es una vida que no vale la pena vivir".[15]

18. Experimenta con la técnica del mindfulness y la meditación.

Una vez más quiero aclarar que el *mindfulness* es la palabra secular de solitud y silencio para nuestra época. Es como la oración, pero sin la mejor parte.

La tradición contemplativa incluye formas de tener conciencia plena a la manera de Jesús.[16] Aquellos días en los que no logro concentrarme y mi imaginación corre en cualquier dirección (algo que, desafortunadamente, es bastante común para mí), me tomo unos minutos para enfocarme en respirar. Muy básico. "Observo" cómo mi respiración entra y sale.

Luego empiezo a imaginarme a mí mismo respirando al Espíritu Santo y exhalando toda la agitación del día. Convierto mi respiración en una oración, inhalando los frutos del espíritu, uno a la vez...

Respiro inhalando el amor, exhalo la ira...

Inhalo el gozo, exhalo la tristeza y el dolor...

Inhalo la paz, exhalo la ansiedad y la incertidumbre del mañana...

Inhalo la paciencia, exhalo la prisa de mi vida...

Mejor que practicar la técnica de conciencia plena es dar el siguiente paso hacia la meditación, otra antigua palabra cristiana que ha sido cooptada por el renacimiento de la Nueva Era. Pero no pienses en *namaste*, piensa en el Salmo 1: "Dichoso el hombre que en la ley del Señor se deleita, y día y noche medita en ella". En la meditación hebrea, la que practicaba Jesús, no solo vacías tu mente (del ruido, caos, ansiedad, etc.), sino que la llenas con las Escrituras, con la verdad, con la voz del Espíritu Santo.

No puedo poner en palabras lo que la meditación hace por mi alma. Tim Keller, sin embargo, ofrece una buena descripción:

> Las personas que meditan se convierten en personas de substancia que han ponderado bien sus creencias y tienen convicciones profundas, que pueden explicar conceptos difíciles en lenguaje simple, y que tienen buenas razones detrás de todo lo que hacen. Mucha gente no medita. Desnudan todo, eligiendo y escogiendo impulsivamente, no tienen un comportamiento razonado. Siguen sus caprichos, viviendo vidas superficiales.[17]

En una época cultural donde prima lo superficial, la meditación y la conciencia plena son un paso hacia aguas profundas.

19. Si puedes, tómate unas largas vacaciones.

He notado que mucha gente ya no se toma vacaciones largas sino más bien escapadas de fin de semana. Se van a Los Ángeles un par de días, o a la playa a pasar el fin de semana. Hacen un viaje de carretera para ir a algún concierto en otra ciudad.

Esta puede ser una gran forma de distraerse y de romper la rutina, lo cual es bueno y necesario, pero a menudo regresamos a casa incluso más cansados que antes. En mi experiencia, se requiere bastante tiempo para desacelerar lo suficiente, de tal modo que podamos llegar a un lugar profundo de descanso del alma.

Un estudio reciente registró que solo un 14 % de los estadounidenses toman vacaciones que duran más de dos semanas, mientras que un enorme 37 % de nosotros nos tomamos menos de siete días de vacaciones al año.[18] A medida que las vacaciones de la clase media se vuelven más atareadas y basadas en las actividades, volver agotados de vacaciones demasiado cortas se está volviendo la nueva normalidad.

Pues bien, la mayoría de los años me reservo unos días de vacaciones para cosas aleatorias: un casamiento, una escapada de aniversario, algún proyecto casero. No obstante, me tomo todos estos días juntos, en lo que es un largo descanso. La gente cree que estoy loco. ¿Qué decías? Debo estar tomándome algo raro.

Quizás estos solo sean mis ritmos de trabajo y esa necesidad que tengo de tomarme un descanso de la enseñanza. Un estudio reciente de la Universidad de Tampere en Finlandia encontró que los niveles de felicidad alcanzan su punto máximo en el octavo día de vacaciones y luego se estancan.[19] Los investigadores de este estudio recomendaban tomarse una semana cada trimestre (para aquellos que tienen el lujo de contar con cuatro semanas de vacaciones pagas).

Según la Torá, Israel tenía tres fiestas solemnes al año que apartaban como un *sabbat* de una semana entera. No se permitía ninguna labor, solo un día de reposo y adoración extendido. Por lo general, los festivales duraban ocho días, debido a que había un *sabbat* al inicio o al final de la fiesta. ¿Acaso no es esto la sabiduría ancestral "demostrada" por la ciencia moderna?

Comprendo perfectamente que para muchos de ustedes esta no es una opción, especialmente aquellos que sufren bajo el peso de la pobreza o la injusticia, o aquellos que recién están arrancando sus carreras profesionales. A lo que te animo es a que te tomes unas vacaciones tan *largas* como puedas y tan *seguido* como puedas. Nuestro personal tiene una regla que firmamos entre todos como parte del contrato laboral. Dicho contrato establece que debemos tomarnos todos los días vacacionales que tenemos por año. Mi consejo es que hagas lo mismo.

Las vacaciones de verano son una de las disciplinas espirituales más importantes en mi vida. Así es, dije disciplina espiritual. Jesús y la mayoría de los maestros espirituales de la Biblia a menudo se iban por semanas al *eremos*. La diferencia es que mi *eremos* incluye a tres niños correteando a mi alrededor y una pila de novelas para leer.

Voto para que volvamos a usar más la palabra *veranear*.

20. Cocina tu propia comida y come en casa.

Nosotros comemos mucho en casa. Tammy y yo tenemos nuestra cita semanal de pareja, pero como familia entera es muy raro que salgamos a comer afuera. Siempre preparo mi lonchera con mi almuerzo para el trabajo, y nuestros hijos solo pueden mirar con ganas existenciales la pizza del comedor de la escuela. Casi todas las noches estamos en casa. Seguimos una dieta vegetariana y de alimentos integrales, lo que implica que tenemos que cocinar la mayor parte desde cero. Cocinamos más o menos las mismas comidas para facilitar las cosas. La sencillez, ante todo.

La comida rápida no es comida. La verdadera alimentación lleva tiempo. Estamos de acuerdo con eso.

El lugar de anclaje de nuestra vida familiar es la mesa. Nos contamos los altibajos y las historias del día. Tammy y yo hacemos preguntas para evitar que la conversación gire alrededor de la escuela. En la mesa es donde damos la bienvenida a nuestros vecinos y a la comunidad. Es donde enseñamos modales como una manera de mostrar amor y respeto al prójimo.

Después de cenar, generalmente leo un capítulo de la Biblia "o el proverbio del día" mientras aún estamos sentados alrededor de la mesa.

Recientemente, iniciamos una tradición en la que introduzco una nueva palabra para el vocabulario de los niños. Cada uno intenta usarla correctamente en una oración, y quienes lo logran obtienen una chispa de chocolate (puedo sentir cómo me juzgan en este momento…).

Esto dijo mi hija Jude, la otra noche:

Lo que tiene la mayoría de las tareas de la escuela es que son *rutinarias*.

Sin embargo, Moses, nuestro hijo de ocho años, un creativo en ciernes, tiene otra táctica: él inventa una historia. Suele ser una historia larga, compleja, extraña y graciosa, y no usa la palabra nueva del vocabulario hasta llegar a la última frase. Para cuando llegamos al final de su drama, el resto de nosotros ya estamos estallando de risa.

¿Quién logra hacer todo eso?

Moses, así es él.

Estos son los momentos que hacen a una familia, y algunos de los mejores suceden alrededor de la mesa.

El corazón

Este capítulo fue muy divertido de escribir, pero por favor, no malinterpretes mi tono. En este momento estoy sonriendo, no contemplando la pantalla. Nada de lo que dije proviene de un corazón rígido, tenso, religioso o con sentimiento de culpa. Lo prometo. Cada regla que mencioné es vivificante e, incluso, entretenida para mí.

Son solo algunas ideas. Quizás no sean para ti. No hay problema con eso. Haz tu propia lista, pero hazla. Y luego cúmplela.

La vida es más que un aumento de velocidad. La vida pasa justo delante de nuestras narices, esperando ser disfrutada.

Debemos eliminar la prisa sin piedad alguna, y eso se logra mejor con una actitud lúdica.

Epílogo
Una vida tranquila

Es otra noche de domingo, y es muy tarde. Recién terminé de enseñar, pero tres veces esta vez, no seis.

Luego de un corto viaje en bicicleta a casa, logré llegar justo a tiempo para besar a los niños y desearles buenas noches. Comí una cena ligera con Tam. Nada de kung-fu. Mi salud mental está notablemente mejor. Aún no terminé de ver *The west wing* (El ala oeste de la Casa Blanca). No ha sido igual desde que Sam Seaborn [personaje de la serie] se fue. Tal vez miraré un solo episodio.

Mañana estaré cansado, pero aun así sentiré a mi alma.

Una vez más estoy almorzando con John en el Parque Menlo. Hemos estado haciendo esto algunos meses. Cuando digo "almorzar" me refiero a que él es quien come y habla. Yo, sobre todo, tomo notas y escucho.

Abro con el habitual: "¿Cómo estás?".

Él responde: "En este momento de mi vida, solo estoy tratando de no perderme lo bueno de cada día y aportar lo mejor de mí".

Sí, dice eso.

Lo escribo, palabra por palabra. Enfréntate a las implicaciones.

De regreso a casa en día de *sabbat*, pienso en mi viaje personal. Lamento todos los años que se me fueron con la prisa. Y, aun así, mi gratitud por mi nuevo estilo de vida supera con creces cualquier pesar por el pasado.

Supongo que se podría decir que soy... bueno... feliz. No con el tipo de felicidad brillante de Instagram o de una comedia romántica: eso es ir tras el viento. Como la mayoría de las personas, experimento esa sensación en estallidos ocasionales, generalmente los días de *sabbat* o en momentos especiales. La rareza de esos momentos de euforia los hace más especiales.

Me identifico mucho con la oración de Alcohólicos Anónimos:

> Que pueda ser razonablemente feliz en esta vida y supremamente feliz para siempre con Él [Jesús] en la vida por venir.[1]

Soy razonablemente feliz.

Razonablemente feliz es más que suficiente.

Han pasado cinco años desde que renuncié a mi empleo, me bajé del tren de la prisa, y opté por tomar el camino sin asfaltar, hacia lo desconocido. La gente me dice "parece que fue ayer". Pero yo no lo siento como si hubiera sido ayer. Más bien siento como si hubiera sido otra época, otra vida. Una a la que tengo cero ganas de volver.

Los últimos cinco años han sido sanadores, confusos, emocionales, difíciles, divertidos, largos, llenos de gozo y decepción, aunque mayormente, han sido buenos años.

He reorganizado mi vida alrededor de tres metas muy simples:

1. Ir más despacio.

2. Tener una vida más sencilla, como lo hacía Jesús.

3. Vivir desde un centro de permanencia.

Permanecer es la metáfora a la que sigo recurriendo una y otra vez. Deseo mucho vivir desde un lugar de amor, gozo y paz.

Nicholas Herman, el monje parisino más conocido como *el Hermano Lawrence*, llamaba a esta forma de vida "la práctica de la presencia de Dios"[2], porque requiere *práctica* el vivir prestando atención y siendo consciente, sobre todo en el mundo moderno.

Estas cuatro prácticas (el silencio y la solitud, el *sabbat*, la sencillez, y el ir más despacio) me han ayudado enormemente a avanzar hacia la permanencia como mi base. Pero, para decirlo una vez más: las cuatro son un medio para un fin.

El fin no es el silencio y la solitud. Es volvernos a Dios y a nuestro verdadero yo.

No es el *sabbat*. Es una vida de reposo, agradecida, llena de tranquilidad, asombro, apreciación y adoración.

No es la sencillez. Es libertad y enfoque en lo que más importa.

No se trata de ir más despacio. Se trata de estar *presentes,* con Dios, con las personas, con el momento.

Y la meta es la práctica, no la perfección. Son múltiples las veces que vuelvo a caer en la prisa. La atracción gravitacional puede ser abrumadora a veces.

Últimamente, cuando me pasa eso, tengo este pequeño mantra que repito:

> *Desacelera.*
>
> *Respira.*
>
> *Vuelve al presente.*
>
> *Recibe lo bueno como un don.*
>
> *Acepta lo difícil como una senda hacia la paz.*
>
> *Permanece.*

Es mi rosario, mi invocación, mi reinicio mental y emocional. Mi manera de arrancar de nuevo. Algunos días lo digo en cuanto me sucede; otros días me olvido por completo. En los días especialmente estresantes me encuentro susurrándolo en voz baja una y otra vez durante todo el día. Cada vez que recito mi liturgia, vuelvo al momento.

El momento es donde te encuentras con Dios, con tu alma, con tu vida. La vida no está "ahí afuera" en el siguiente golpe de dopamina, la próxima tarea, la próxima experiencia. Está aquí, ahora.

Como dijo tan bellamente Frank Laubach, quien se identificó a sí mismo como un místico moderno: "Cada ahora es una eternidad si está llena de Dios".[3]

Un contemporáneo suyo, C. S. Lewis, en su ya citada obra de sátira sobre la espiritualidad, hizo que el personaje del demonio más viejo y sabio dijera esto sobre "el Enemigo" (Jesús):

> Los humanos viven en el tiempo, pero nuestro Enemigo los destina a la eternidad. Él quiere, por tanto, creo yo, que atiendan principalmente a dos cosas: a la eternidad misma y a ese punto del tiempo que llaman el presente. Porque el presente es el punto en el que el tiempo coincide con la eternidad…
>
> En consecuencia, Él les tendría continuamente preocupados por la eternidad (lo que equivale a estar ocupados en Él) o por el presente… o si no obedeciendo la presente voz de la conciencia, soportando la cruz presente, recibiendo la gracia presente, dando gracias por el placer presente.[4]

Las mejores cosas están en el presente, en el *ahora*.

Todas las grandes tradiciones de sabiduría de la historia, religiosas y seculares, orientales y occidentales, cristianas y no cristianas, convergen en un punto: si hay una fórmula para una vida feliz, es bastante simple: habita el momento.

Cada momento está repleto de cosas buenas. ¿Por qué tenemos tanta prisa de pasar al siguiente? Hay tanto para ver, para disfrutar, para recibir con gratitud, para celebrar, para compartir.

Como sostuvo el poeta William Stafford, "¿Qué otra cosa más grande puede darte alguien sino su ahora?"[5]

Odio la frase popular *carpe diem*. Está en latín, pero ¿qué podría ser más norteamericano? ¡Aprovecha el día! Como si el tiempo fuera una mercancía preciada y cada uno estuviera a su propia disposición.

¿Y qué si el día, o el tiempo en sí, no es un recurso escaso que aprovechar, sino un regalo para recibir con gozo y agradecimiento?

Solo estoy tratando de no perderme lo bueno de cada día.

Incluso en los días malos, en los momentos difíciles, en el dolor, la crisis o la decepción, el mal diagnóstico, el pesar por todas las formas en que la vida es menos de lo que podría o debería ser, pienso en la maravillosa frase de Alcohólicos Anónimos: "Aceptando las adversidades como un camino hacia a la paz; tomar, como Él [Jesús] hizo, a este mundo pecador tal como es. No como yo quisiera que fuera".[6]

Nuestros días de dolor son los pilares de nuestro carácter. Nuestro crisol de semejanza a Cristo. Rara vez les doy la bienvenida (no estoy tan avanzado en el camino, no todavía), pero los acepto. Porque mi rabí enseña que la felicidad no es el resultado de las circunstancias, sino del carácter y la comunión.[7]

Por lo tanto, ya sea que tenga un día bueno o uno no tan bueno, de cualquier forma, no quiero perderme el momento.

Si es cierto que "la bondad y el amor me seguirán todos los días de mi vida",[8] ¿cuántos días me pierdo esa bondad en mi carrera atropellada por terminar todo lo que pueda antes del ocaso? ¿O paso de largo y me pierdo ese amor en mi *blitzkrieg* [táctica de guerra relámpago usada por lo alemanes en la Segunda Guerra Mundial] de la vida urbana? "Dormiré cuando esté muerto" es el mantra de un alma que niega a Dios y vive fuera del fluir de su eternidad.

Ya no más. Me comprometo de aquí en adelante a eliminar sin piedad la prisa.

Fallo, naturalmente.

Varias veces al día.

¿Y qué pasa cuando eso sucede? Vuelvo a iniciar…

> *Desacelera.*
>
> *Respira.*
>
> *Vuelve al presente.*

Ojalá pudiera decirte que después de unos años de práctica lo tengo dominado. Que nunca tengo prisa. O que la consideres completamente eliminada. Que solo vivo y doy amor en un estado zen perpetuo de gozo y paz que provienen de Jesús.

Por desgracia, vivo en el mismo lugar que tú: el mundo moderno. Con todos sus privilegios y su dolor. Toda su riqueza y placer hedónico, su buen café y deleite urbano, junto con su estrés y distracción digital, su sobreconsumo y sus exigencias extenuantes. De ahí que este libro sea tanto para mí como para ti.

El mundo no ha cambiado ni un poco en los últimos cinco años; en todo caso, se ha descarrilado aún más. Pero yo he cambiado. Ya no experimento el mundo de la misma manera. Estoy en un nuevo trayecto. Y cuando miro por el horizonte al hombre en el que me estoy convirtiendo, es obvio que todavía tengo un largo, muy largo camino por recorrer, pero me agrada la línea que veo en ese horizonte. Incluso ahora hay momentos en los que avisto ese futuro desde mi presente, donde encarno lo que Edward Friedman llama "una presencia no ansiosa".[9] Se siente tan, tan bien. Luego, como es de esperar, vuelvo a ser absorbido por la prisa, generalmente varias veces al día. Pierdo mi equilibrio emocional. Me desincronizo con el Espíritu.

Cuando eso me pasa, me reinicio y vuelvo a comenzar. Esta vez lentamente…

Desacelera.

Respira.

Vuelve al presente.

Recibe lo bueno como un don.

Por más entretenido que haya sido escribir este libro, el hecho es que no hay una solución mágica, una aplicación perfecta, una fórmula secreta. ¿Esas cuatro prácticas? Son exactamente eso: prácticas. Son solo los próximos pasos para avanzar en un viaje de toda la vida en el que nunca "llegas a destino".

Sin embargo, si tu viaje se parece al mío, sentirás que das tres pasos hacia adelante y dos hacia atrás. Eso es normal, incluso saludable. La clave es perseverar. Sé como la tortuga, no como la liebre. Cuando te equivoques, comienza de nuevo.

Un tiempo después de regresar de mi año sabático, comencé a enseñar la carta de Pablo a los Tesalonicenses. Luego de tres meses analizando su breve epístola, un versículo en particular seguía resaltando una y otra vez para perseguirme. Había algo en él que hizo que quedara impregnado en mi cerebro. Se ha convertido en mi manifiesto:

Pónganse como objetivo vivir una vida tranquila.[10]

Me sorprende la yuxtaposición de las palabras de Pablo.

La palabra "objetivo" [que en inglés es "ambición"] junto a la palabra "tranquila".

Esas dos palabras suenan más como enemigas que amigas. Cuando escucho *ambición*, por lo general pienso en la prisa (o en su nuevo sinónimo: "empuje") y todo lo que involucra a una vida de motivación profesional. Me imagino al emprendedor famoso que está en boca de todos o a un profesional con personalidad tipo A, impulsado por el éxito, incluso a costa de su propia alma.

Pero Pablo dice que debemos apuntar nuestra ambición, la energía reprimida y el impulso que todos tenemos en algún nivel, a algo completamente diferente: una vida tranquila.

Esa es la meta, el fin, la visión del éxito: una vida tranquila.

De todos los adjetivos que Pablo podía usar, eligió *tranquila*.

No *ruidosa*.

No *importante*.

Ni siquiera *impactante*.

Simplemente *tranquila*.

La frase de Pablo me recuerda el antiguo consejo de San Ignacio de Loyola (el fundador de la orden de los jesuitas):

Intenta mantener tu alma siempre en paz y tranquilidad.[11]

Sonrío cada vez que leo a San Ignacio. Me encanta que haya dicho "intenta". Es como si supiera que lo echaríamos a perder diariamente. Como si supiera lo que dura el trayecto desde lo que es real a lo que es posible; desde quiénes somos hasta lo que tenemos el potencial de ser al crecer y madurar; desde la invitación de Jesús de "ven y toma el yugo ligero" hasta el discurso agonizante de Pablo: "el tiempo de mi partida ha llegado. He peleado la buena batalla".[12]

Vivir una vida tranquila en un mundo ruidoso es una lucha, una guerra de desgaste, una rebelión calma contra el *status quo*.

Y como cualquier lucha, con el territorio viene la muerte, al igual que el sacrificio. En mi caso, tuve que morir a quien podría haber sido de haberme mantenido en la senda del ascenso profesional. Hasta el día de hoy tengo momentos raros en los que pienso: *¿qué hubiera sido si...?*

Tuve que hacer las paces con quien soy. Y con quien no soy.

Tuve que dejar ir a la envidia, la fantasía, la inquietud cancerosa.

Y aceptar con gratitud: esta es mi vida.

Hay muerte en eso, es verdad. Pero en el reino de la cruz solo mueren las cosas malas: la imagen y el estatus, los derechos de jactarse, toda la vanidad. Todavía más importante es esto: la muerte siempre va seguida de la resurrección.

Apunta a una vida fácil y tu vida real estará marcada por una angustia y frustración que te carcomerán. Apunta al yugo fácil y, como dijo una vez John Ortberg, "tu capacidad para abordar las tareas difíciles realmente crecerá".[13]

Lo complicado no es seguir a Jesús. Lo que es complicado es seguirme a mí mismo, vivir la vida a mi manera. Ahí está el camino al agotamiento. Con Jesús aún sigue habiendo un yugo, un peso en la vida, pero es un yugo fácil, y nunca podremos cargarlo solos.

Pero este yugo fácil de llevar una vida difícil es algo por lo que tenemos que luchar. *Uf*, estás pensando. *No quiero luchar, quiero unas vacaciones.* Pero la dura realidad es que la batalla no es opcional. En esto la biología evolutiva y la teología cristiana coinciden: la vida es una lucha. La pregunta es simple: ¿por qué vas a luchar? ¿Por la supervivencia del más apto? ¿Por alguna perversión del sueño americano? ¿O algo mejor?

Si te alistas en la guerra contra la prisa, recuerda lo que está en juego. No solo estás luchando por una buena vida, sino por una buena *alma*.

Así que, querido lector y amigo, tú, al igual que yo, debes tomar una decisión. No solo cuando te llegue la crisis existencial de la mediana edad (y créeme que llegará), sino todos los días.

¿Cómo vas a vivir?

En los años venideros, lo más probable es que nuestro mundo pase de una velocidad rápida a otra mayor. Más apresurados, más desalmados, más insípidos. "Engañando y siendo engañados".[14] ¿Vas a atravesar ese camino? ¿Vas a perseguir esa vieja historia poco creativa de la prisa, el ajetreo y la vida ruidosa y materialista que nos muestran las propagandas? ¿Tratando de involucrar escuetamente a Jesús en tu vida mientras la recorres a toda velocidad? ¿Yendo a la iglesia cuando puedas? ¿Orando cuando tengas tiempo? ¿Tratando de que no te alcance la manada de lobos?

¿O…

¿Vas a recordar que hay otro camino, otra manera? ¿Saldrás por la rampa hacia el camino estrecho? ¿Alterarás radicalmente el ritmo de tu vida para tomar el yugo fácil de Jesús?

Y cuando falles, vuelve a comenzar. Esta vez más despacio.

Este libro es tanto una pregunta como una respuesta. Pero sobre todo es una invitación, de un convidado al otro.

"Vengan a mí… y yo les daré descanso".

Yo digo sí a esa invitación.

¿Y tú?

Brindemos por ese yugo fácil.

"Amados hermanos, les rogamos… Procuren vivir una vida tranquila".

Pablo en 1 Tesalonicenses 4:10-11

Agradecimientos

T., te amo.

Jude, Moto y Sunday, no veo la hora de que llegue el *sabbat*.

A nuestra comunidad del banquete del amor (los Normans, Smits, Hooks, Petersons, Mossers, Pam, Hanna).

¡A la familia Comer-Jaureguis!

A John Ortberg, por el mejor almuerzo que jamás hayamos tenido.

A Chris y Meryl.

Al Dr. Jim, una mente ninja.

A Dave Lomas, por las llamadas de los viernes.

A la fraternidad Searock (Dave, Jonny, Pete, Tim, Al, Darren, Todd, Mark, Tyler, Jon, Evan). Los amo profundamente. Los veré en mayo.

A la Iglesia Bridgetown y su personal, por darme el tiempo para escribir (y por tantas otras cosas).

A G.

A Bethany, por ser la persona más alentadora que conozco.

A R.W.P.

A Mike S y su gente en Y&Y.

A todo el mundo de WaterBrook que hizo posible este libro.

Mi amor y gratitud por ustedes son muy profundos.

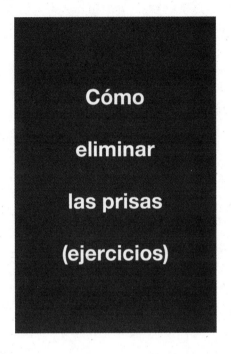

Cómo

eliminar

las prisas

(ejercicios)

Las ideas son solo el comienzo. A menos que se desplacen de tu mente a tu cuerpo, no se hacen realidad. Con ese fin, he escrito un breve libro de trabajo con algunos ejercicios para que te inicies en cada una de las cuatro prácticas.

Lo puedes conseguir en inglés en
johnmarkcomer.com/howtounhurry

Un poco sobre mí

Gracias por leer *Elimina la prisa de tu vida*.

Algunas cosas sobre mí...

Vivo y trabajo en Portland, Oregon, con mi esposa T. y nuestros tres hijos.

Soy el pastor del área de enseñanza y visión en la Iglesia Bridgetown. Nuestra iglesia se basa en la idea muy simple de practicar juntos, en Portland, el nuevo camino de Jesús.

En cuanto a mi educación, poseo una maestría en Estudios Bíblicos y Teológicos del Seminario Western, y actualmente estoy trabajando en mi doctorado en formación espiritual en el Seminario Fuller y el Dallas Willard Center.

Estás más que invitado a seguir mis enseñanzas en las transmisiones de la Iglesia Bridgetown Church o en la transmisión *Este*

Tiempo Cultural [*This Cultural Moment*], que conduzco junto a mi amigo Mark Sayers y trata sobre cómo podemos seguir a Jesús en el mundo moderno.

Encuentra más en johnmarkcomer.com.

Notas

Prefacio: Autobiografía de una epidemia

1. Esto fue antes de su regreso como John Wick. No es que haya visto esta película, eso sería un sacrilegio...

2. Me gusta la definición de "mega" como: "(1) centrado en el domingo, (2) impulsado por la personalidad y (3) programado hacia el consumidor". Puedes hacer iglesia de esta forma con dos mil personas, doscientas o veinte.

3. Peter Scazzero dijo eso en un libro que ha modelado mi vida y nuestra iglesia de forma profunda, *Una iglesia emocionalmente sana: una estrategia para el discipulado que de veras cambia vidas* (Miami, FL: Editorial Vida, 2008, s. p.). Hago referencia a esto en las páginas siguientes.

4. Para ustedes, los de Portland, la Calle 33 solía ser genial. Estoy revelando mi edad, pero recuerdo cuando la tienda Urban Outfitters era completamente nueva. Fue algo importante, créanme.

5. Byung-Chul Han, *La sociedad del cansancio* (Barcelona: Herder Editorial, 2017, 51).

6. Gilles Lipovetsky, *Los tiempos hipermodernos* (Barcelona: Anagrama, 2014).

7. Mateo 11:28-30.

8. Mateo 11:30, MSG [traducido del inglés].

9. Hebreos 1:9.

La prisa: el gran enemigo de la vida espiritual

1. Todos los libros de John Ortberg son buenos, pero mis dos favoritos son: *La eternidad comienza ahora: un redescubrimiento radical de lo que Jesús enseñó realmente acerca de la salvación, la eternidad y la llegada al mejor lugar* (Grand Rapids, MI: Nivel Uno, 2019) y *Guarda tu alma: cuidando la parte más importante de ti* (Miami, FL: Editorial Vida, 2014).

2. Por favor, haz a un lado este libro y ve a comprar *Renueva tu corazón: sé como Cristo* (Barcelona: Editorial Clie, 2004) de Dallas Willard y léelo en lugar de este.

3. ¿Con qué libro empiezo?, te preguntarás. Dios mío, ¡qué pregunta difícil! *La divina conspiración: nuestra vida escondida en Dios* (Buenos Aires: Editorial Peniel, 2013) es la ópera prima de Dallas Willard. *El espíritu de las disciplinas: ¿cómo transforma Dios la vida?* (Miami FL: Editorial Vida, 2010) es el libro más influyente que he leído. Pero esos dos son sus libros más difíciles de leer. *La gran omisión: recuperando las enseñanzas esenciales de Jesús en el discipulado* (Nashville, TN: Harper Collins Español, 2015) es su libro más fácil de leer y es muy bueno para captar lo esencial de su mensaje de vida. Y *Renueva tu corazón…* es la mejor lectura de toda la obra de Willard pues tiene todo en un solo lugar.

4. Estoy parafraseando su pregunta, basándome en el título del excelente libro de John Ortberg *El ser que quiero ser: conviértete en la mejor versión de ti mismo* (Miami, FL: Editorial Vida, 2010). Es muy, muy bueno.

5. Esta historia también se encuentra en las primeras páginas del libro *Guarda tu alma*, de John Ortberg, el cual, por cierto, es una joya. Lo leo cada verano. Parafraseé un poco las palabras de Ortberg, pero la frase de Willard es textual.

6. Michael Zigarelli, *Distracted from God: A Five-Year, Worldwide Study* [Distraídos de Dios: una investigación mundial de cinco años], Christianity 9 to 5, 2008,

www.christianity9to5.org/distracted-from-god.

7. Ver Marcos 12:28:31, donde Jesús cita dos mandamientos: el primero de Deuteronomio 6:4-5 y el segundo de Levítico 19:18.

8. 1 Corintios 13:4.

9. Kosuke Koyona, *Three Mile an Hour God* [El Dios de tres millas por hora] (Maryknoll, NY: Orbis, 1980, p. 7)

10. *Merriam-Webster Dictionary* [Diccionario Merriam-Webster], s.v. «slow» [lento].

11. Padre Walter Adams, citado en Alan Fadling, *An Hurried Life: Following Jesus' Rhythms of Work and Rest* [Una vida apresurada: siguiendo los ritmos de vida y trabajo de Jesús] (Downers Grove, IL: InterVarsity Press, 2013, p. 94).

12. Ronald Rolheiser, *The Holy Longing: The Search for a Christian Spirituality* [El anhelo santo: la búsqueda de una espiritualidad cristiana] (Nueva York: Random House, 2014), pp. 31-33. El siguiente libro de esa serie: *Sacred Fire: A Vision for a Deeper Human and Christian Maturity* [El fuego sagrado: una visión para una humanidad más profunda y una madurez cristiana] (Nueva York: Random House, 2014), es uno de mis libros favoritos de todos los tiempos. Habla acerca del discipulado a los treinta y a los cuarenta. Es un libro fundamental para todos los treintañeros que siguen a Jesús.

13. T. S. Elliot, *Burnt Norton*, *Cuatro cuartetos: la roca y el asesinato en la catedral* (Barcelona: Lumen, 2016).

14. John Ortberg, *La vida que siempre has querido: disciplinas espirituales para personas comunes* (Miami, FL: Editorial Vida, 2004, s. p.). Simplemente me encanta la forma de escribir de Ortberg. Todos sus libros son buenos, pero este es uno de los mejores.

15. Lucas 10:41.

16. Esta frase es de Peter Scazzero en *Espiritualidad emocionalmente sana: es imposible tener madurez espiritual si somos inmaduros emocionalmente* (Miami, FL: Editorial Vida, 2015, s. p.), uno de los libros más importantes que he leído. No me alcanzan las palabras para alentarte a leerlo. Yo lo leo todos los veranos sin falta.

Una breve historia de la aceleración

1. La *Enciclopedia Británica* estima que es primer reloj solar utilizado por los romanos se creó en el año 290 a.C., y se diseñó uno para construirlo en la ciudad aproximadamente en el 164 a.C.; www.britannica.com/technology/sundial.

2. Aulo Gelio, en *Noches Áticas* (Madrid: Akal, 2009, s. p.), le atribuye estas palabras al comediógrafo Plauto.

3. Carl Honoré, *Elogio de la lentitud: un movimiento mundial desafía el culto a la velocidad* (Barcelona: RBA Libros, 2013).

4. Jacqes Le Goff, *Por otra Edad Media: tiempo, trabajo y cultura en Occidente* (Madrid: Taurus, 2020, s. p.).

5. Daniel J. Boorstin, *Los descubridores. Volumen I: El tiempo y la geografía* (Barcelona: Grijalbo Mondadori, 1986, s. p.).

6. Arwen Curry, *How Electric Light Changed the Night* [Cómo la luz eléctrica cambió la noche], KQED, 20 de enero de 2015, www.kqed.org/science/26331/how-electric-light-changed-the-night.

7. Kerby Anderson, *Tecnología y tendencias sociales: un punto de vista bíblico* (Cambridge, OH: Christian Publishing House, 2019, p. 102).

8. En mi defensa, un estudio dice que los estadounidenses al año trabajan 137 horas más que los japoneses, 260 horas más que los británicos y 499 horas más que los franceses. Véase Stacy Weckesser *Americans Are Now Working More Hours Than Any Country in the World* [Los estadounidenses hoy trabajan más horas que cualquier otro país del mundo], Blue Water Credit, 21 de julio de 2015, https://bluewatercredit.com/americans-now-working-hours-country-world.

9. Lawrence Mishel, *Vast Majority of Wage Earners Are Working Harder, and for Not Much More: Trends in U.S. Work Hours and Wages over 1979-2007* [La gran mayoría de los asalariados están trabajando más duro, pero no por mucho más: la tendencia en las horas laborales y los salarios en EE. UU. entre 1979 y 2007], Economy Policy Institute, 30 de enero de 2013, www.epi.org/publication/ib348-trends-us-work-hours-wages-1979-2007.

10. Silvia Bellezza, Neeru Paharia y Anat Keinan, *Research: Why Americans Are So Impressed by Busyness* [Investigación: Por qué los estadounidenses están tan impresionados con los negocios], Harvard Business Review, 15 de diciembre de 2016, https://hbr.org/2016/12/research-why-americans-are-so-impressed-by-busyness.

11. Andrew Sullivan, *I Used to Be a Human Being* [Solía ser un ser humano], *New York Times Magazine*, 19 de septiembre de 2016, http://nymag.com/intelligencer/2016/09/andrew-sullivan-my-distraction-sickness-and-yours.html.

12. Para una lectura fascinante del año 2007 y cuánto ha cambiado desde entonces, lee Thomas L. Friedman, *Gracias por llegar tarde: c*ómo la tecnología, la globalización y el cambio climático van a transformar el mundo los próximos años (Barcelona: Deusto, 2018).

13. Nicholas Carr, *Superficiales: ¿qué está haciendo internet con nuestras mentes?* (Madrid: Taurus, 2011, pp. 6-7).

14. Julia Naftulin, *Here's How Many Times We Touch Our Phones Every Day* [Esta es la cantidad de veces que tocamos nuestros teléfonos cada día], Business Insider, 13 de julio de 2016, www.businessinsider.com/dscout-research-people-touch-cell-phones-2617-times-a-day-2016-7.

15. Kari Paul, *Millennials Waste Five Hours a Day Doing This One Thing* [Los millennials pasan cinco horas al día haciendo esto], *New York Post*, 18 de mayo de 2017, https://nypost.com/2017/05/18/millennials-waste-five-hours-a-day-doing-this-one-thing.

16. Michael Winnick y Robert Zolna, *Putting a Finger on Our Phone Obsession: Mobile Touches: A Study on Humans and Their Tech* [La obsesión de poner un dedo en el teléfono: toques del móvil: un estudio sobre los humanos y su tecnología], dscout (blog), 16 de junio de 2016, https://blog.dscout.com/mobile-touches.

17. Robinson Meyer, *Your Smartphone Reduces Your Brainpower, Even If It's Just Sitting There: A Silent, Powered-Off Phone Can Still Distract the Most Dependent Users* [Tu teléfono inteligente reduce la potencia de tu cerebro, aun con el solo hecho de estar: un teléfono en silencio o apagado puede seguir distrayendo a los usuarios más dependientes], *Atlantic*, 2 de agosto de 2017, www.theatlantic.com/technology/archive/2017/08/a-sitting-phone-gathers-brain-dross/535476.

18. Visita www.tristanharris.com o mira su charla TED: *Tristan Harris: Do Our Devices Control More Than We Think?* [Tristan Harris: ¿Nuestros dispositivos controlan más de lo que pensamos?], 13 de octubre de 2017, TED Radio Hour, https://wnyc.org/story/tristanharris-do-our-devices-control-more-than-we-think.

19. Mike Allen, *Sean Parker Unloads on Facebook: "God Only Knows What It's Doing to Our Children's Brains"* [Sean Parker dispara contra Facebook: «Solo Dios sabe lo que le está haciendo al cerebro de nuestros niños»], Axios, 9 de noviembre de 2017, www.axios.com/sean-parker-unloads-on-facebook-god-only-knows-what-its-doing-to-our-childrens-brains-1513306792-f855e7b4-4e99-4d60-8d51-2775559c2671.html.

20. Kevin McSpadden, *You Now Have a Shorter Attention Span Than a Goldfish* [Hoy en día tienes un período de atención más corto que el de un pez dorado], Time, 14 de mayo de 2015, http://time.com/3858309/attention-spans-goldfish.

21. Esta idea viene de la excelente publicación de Seth Godin en su blog: *When Your Phone Uses You* [Cuando tu teléfono te utiliza a ti], *Seth's Blog* (blog), 30 de septiembre de 2016, https://seths.blog/2016/12/when-your-phone-uses-you.

22. Escucha *Teach Us to Pray—Week 2* [Enséñanos a predicar – semana 2] de mi amigo Jon Tyson de Church of the City en Nueva York, www.youtube.com/watch?v=Jb0vxXZuqek. Su tesis: «La distracción lleva a la desilusión; la atención a la adoración».

23. Esta frase es de Paul Lewis en su fantástico artículo: *"Our Minds Can Be Hijacked": The Tech Insiders Who Fear a Smartphone Dystopia* [«Nuestras mentes pueden ser secuestradas»: los expertos en tecnología que temen una distopía de teléfonos inteligentes], *Guardian*, 6 de octubre de 2017, www.theguardian.com/technology/2017/oct/05/smartphone-addiction-silicon-valley-dystopia.

24. *Continuous Partial Attention: What Is Continuous Partial Attention?* [Atención parcial continua: ¿qué es?], Linda Stone, https://lindastone.net/qa/continuous-partial-attention.

25. Cory Doctorow, *Writing in the Age of Distraction* [Escribir en la era de la distracción], *Locus Magazine*, 7 de enero de 2009, www.locusmag.com/Features/2009/01/cory-doctorow-writing-in-age-of.html.

26. Aldous Huxley, *Un mundo feliz * Retorno a un mundo feliz* (México, DF: Editorial Porrúa, 2013, p. 35).

27. Tony Schwartz, *Addicted to Distraction* [Adictos a la distracción], *New York Times*, 28 de noviembre de 2015, www. nytimes.com/2015/11/29/opinion/sunday/addicted-to-distraction.html.

28. Neil Postman, *Tecnópolis: la rendición de la cultura a la tecnología* (Alicante: Ediciones El Salmón, 2018, p. 185).

Algo está terriblemente mal

1. Hasta donde sé, esta historia apareció primero en el libro de Lettie Cowman, *Springs in the Valley* [Manantiales en el valle] (Grand Rapids, MI: Zondervan, 1968, p. 207). Pero se hizo más conocida en John O'Donohue, *Anam Cara* (Madrid: Sirio, 2010, p. 151). Su frase es: «Avanzamos muy rápido para llegar hasta aquí, ahora debemos esperar para darle la oportunidad a nuestros espíritus de alcanzarnos». Honestamente, no estoy seguro de la veracidad de esta historia. Pero sea ficción o no, hay mucha verdad en ella.

2. Rosemary K. M. Sword y Philip Zimbardo, *Hurry Sickness: Is Our Quest to Do All and Be All Costing Us Our Health?* [La enfermedad de la prisa: ¿nuestro intento de hacer yser todo nos está costando la salud?], Psychology Today,

9 de febrero de 2013, www.psychologytoday.com/us/blog/the-time-cure/201302/hurry-sickness.

3. Meyer Friedman y Ray H. Rosenman, Conducta tipo A y su corazón (Barcelona: Grijalbo, 1976, p. 33).

4. Friedman y Rosenman, Conducta tipo A y su corazón, p. 42.

5. Sword y Zimbardo. La cura del tiempo (New Jersey: Jossey-Bass, 2012, s. p.).

6. Esta lista es mi adaptación de la de Ruth Haley Barton en *Strengthening the Soul of Your Leadership* [Fortalece el alma de tu liderazgo] (Downers Grove, IL: InterVarsity Press, 2018), pp. 104–116, un libro excelente. Esta es la lista completa de Barton: «irritabilidad o hipersensibilidad», «inquietud», «trabajo excesivo compulsivo», «adormecimiento emocional», «conductas evasivas», «desconexión con nuestra identidad y nuestro llamado», «incapacidad para suplir las necesidades humanas», «energía acumulada» y «disminución de nuestras disciplinas espirituales».

7. Si te hace sentir mejor, la primera vez que tomé el inventario de Barton, obtuve 9 de 10. Así es. Regístrame en el centro de desintoxicación ya mismo.

8. *APA Public Opinion Poll: Annual Meeting 2018* [Encuesta de opinión pública de la Asociación Estadounidense de Psiquiatría: reunión anual 2018], Asociación Americana de Psiquiatría, 23 al 25 de marzo de 2018, www.psychiatry.org/newsroom/apa-public-opinion-poll-annual-meeting-2018.

9. Thomas Merton, *Conjeturas de un espectador culpable* (Santander: SalTerrae, 2011, p. 81) que, por cierto, se escribió hace más de cincuenta años.

10. Wayne Muller, *Sabbath: Finding Rest, Renewal, and Delight in Our Busy Lives* [Sabbat: encontrar el descanso, el renuevo y el deleite en nuestras ocupadas vidas] (Nueva York: Bantam, 1999, p. 2).

11. Mary Oliver, *Upstream: Selected Essays* [Contracorriente: ensayos selectos] (Nueva York: Penguin, 2016, s. p.). En la sección uno «Contracorriente» ella dice esto al final de un ensayo sobre la naturaleza, pero creo que esto es así para todas las relaciones, con la tierra, con las personas y, principalmente, con Dios.

12. Mateo 6:21.

13. John Ortberg, *La vida que siempre has querido*, p. 79.

14. William Irvine, *El arte de la buena vida: un camino hacia la alegría estoica* (Barcelona: Ediciones Paidós, 2019, pp. 1-2).

15. Marcos 8:36, NTV.

Una pista: la solución no es más tiempo

1. Mis tres favoritos son el de Greg McKeown, *Esencialismo: logra el máximo de resultados con el mínimo de esfuerzo* (Madrid: Aguilar, 2011); el de Joshua Fields Millburn y Ryan Nicodemus, *Essential: Essays by the Minimalists* [Esencial: ensayos de los minimalistas] (Missoula, MT: Asymmetrical Press, 2015); y el de Cal Newport, *Enfócate: Consejos para alcanzar el éxito en un mundo disperso* (España: Ediciones Paidós, 2017). Para que conste.

2. Génesis 1:27.

3. Génesis 2:7.

4. Son grandiosos, ¡los quiero a todos! Dicho esto, este otro libro que me encanta: *Una Iglesia emocionalmente sana: una estrategia para el discipulado que de veras cambia vidas* (Miami, FL: Editorial Vida, 2008), de Peter Scazzero. Tiene un capítulo específicamente sobre esto: Aceptar tus limitaciones.

5. Génesis 3:5.

6. 1 Corintios 13:9, NTV.

7. Oseas 4:6.

8. Santiago 4:14.

9. Juan 21:22.

10. Él dice esto en su podcast *The Emotionally Healthy Leader* [El líder emocionalmente sano], del que no me pierdo un episodio. Peter Scazzero, *Six Marks of a Church Culture That Deeply Changes Lives: Part 1* [Seis señales de la cultura de la iglesia que cambian profundamente las vidas. Parte 1], 5 de marzo de 2019, www.emotionallyhealthy.org/podcast/detail/Six-Marks-of-a-Church-Culture-that-Deeply-Changes-Lives:-Part-1.

11. Mateo 5:3.

12. Mateo 5-7.

13. Anne Lamott, *Mi hijo: instrucciones de uso* (Barcelona: Grijalbo, 2001, pp. 84-85).

14. Henry David Thoreau, *Walden o la vida en los bosques* (Publicación independiente, 2021). Los primeros capítulos son oro y luego hay una cátedra interminable sobre árboles. Me encantan los árboles, pero...

15. Philip Zimbardo, *The Demise of Guys: Why Boys Are Struggling and What We Can Do About It* [La decadencia de los jóvenes: por qué tienen dificultades y qué podemos hacer para ayudarlos] (edición de autor, Amazon Digital Services, 2012). O lee este simple resumen de su investigación en Ahley Lutz, *Porn and Video Games Are Ruining the Next Generation of American Men* [La pornografía y los video juegos están arruinando a la próxima generación de hombres estadounidenses], Business Insider, 1 de junio de 2012, www.businessinsider.com/the-demise-of-guys-by-philip-zimbardo-2012-5.

16. Esta frase y la afirmación anterior son del excelente artículo de Charles Chu en Medium: *The Simple Truth Behind Reading 200 Books a Year* [La simple verdad detrás de leer 200 libros al año], 6 de enero de 2017, https://medium.com/s/story/the-simple-truth-behind-reading-200-books-a-year-1767cb03af20.

17. Efesios 5:15-16.

18. Estas tres traducciones son de la RVR60, la NTV y la TLA respectivamente.

El secreto del yugo fácil

1. Juan 10:10.

2. Romanos 1:16.

3. Mateo 4:19.

4. Mateo 11:28-30.

5. Anne Helen Petersen *How Millennials Became the Burnout Generation* [Cómo los mileniales se convirtieron en la generación

agotada], BuzzFeed, 5 de enero de 2019, www.buzzfeednews.com/article/annehelenpetersen?/millennials-burnout-generation-debt-work.

6. Dallas Willard, *El espíritu de las disciplinas: ¿cómo transforma Dios la vida?* (Miami FL: Editorial Vida, 2010), p. 5 del original en inglés. Este libro es un tesoro. Lo leo con frecuencia.

7. Eugene H. Peterson, *El camino de Jesús: una conversación sobre las diversas maneras en que Jesús es el camino* (Miami, FL: Editorial Patmos, 2009, p. 4). Solo el primer capítulo ya vale la inversión.

8. Frederick Dale Bruner, *Matthew: A Commentary, Volume 1: The Christbook, Matthew 1–12* [Mateo: un comentario. Volumen 1: El libro de Cristo, Mateo 1-12] (Grand Rapids, MI: Eerdmans, 2004, p. 538). El comentario de Bruner es una obra de arte.

9. Información completa: esta frase es un robo descarado a *Guarda tu alma: cuidando la parte más importante de ti* (Miami, FL: Editorial Vida, 2014, s. p.) de John Ortberg, que es un libro similar a este, ¡pero mejor!

Aquí estamos hablando de una ley de la vida

1. Juan 11:6-7.
2. Marcos 5:23.
3. Marcos 5:24-34.
4. Richard A. Swenson, *Margen: restauración de las reservas emocionales, físicas, financieras, y de tiempo en vidas sobrecargadas* (Ellensburg, WA: Proyecto Nehemías, 2017), p. 69 del original en inglés.
5. Mateo 11:30.
6. Juan 15:1-8.
7. Mateo 6:33.

Intervalo Espera, otra vez, ¿qué son las disciplinas espirituales?

1. La Reforma malinterpretó esta y algunas otras cuestiones cuando dijo que la *gracia* es la antítesis de cualquier tipo de esfuerzo personal; cuando habló de *la ley y las obras* para referirse al esfuerzo personal en general y no, más específicamente, a lo que dice la Torá judía; y con la redefinición de *buenas obras* para referirse, en realidad, a «malas obras».
2. Mateo 5:19; 7:24.
3. 1 Corintios 9:24-27.

4. Esto es de Dallas Willard, *El espíritu de las disciplinas: ¿cómo transforma Dios la vida?* (Miami FL: Editorial Vida, 2010, p. 68) sin dudas el mejor libro que he encontrado sobre el tema.

Silencio y solitud

1. Kevin McSpadden, *You Now Have a Shorter Attention Span Than a Goldfish* [Tú tienes menos capacidad de atención que un pez dorado], *Time*, 14 de mayo de 2015, http://time.com/3858309/attention-spans-goldfish.

2. Andrew Sullivan, *I Used to Be a Human Being* [Yo solía ser un ser humano], *New York Times Magazine*, 19 de septiembre de 2016, http://nymag.com/inteligencer/2016/09/andrew-sullivan-my-distraction-sickness-and-yours.html.

3. Ronald Rolheiser, *The Holy Longing*, p. 32. S.D.E.

4. Mateo 3:17.

5. Mateo 4:1-3.

6. Marcos 1:35.

7. Marcos 1:36-37.

8. Está bien, lo admito, yo no soy Eugene Peterson.

9. Marcos 1:38.

10. Marcos 6:31.

11. Marcos 6:31.

12. Marcos 6:32.

13. Marcos 6:33-35.

14. Marcos 6:45-47.

15. Lucas 5:15-16.

16. Busca este poema *Entering into Joy* [Entrar en gozo].

17. San Juan Clímaco, *The Ladder of Divine Ascent* [La escalera del ascenso divino], (Londres: Faber & Faber, 1959, p. 135).

18. Esta es la cita completa de *Cartas del diablo a su sobrino* (Madrid: Espasa Calpe, 1978, s. p.). Recuerda que es un demonio el que escribe, así que todo está tergiversado: «Música y silencio. ¡Cómo detesto ambos! Qué agradecidos debiéramos estar de que, desde que Nuestro Padre ingresó en el Infierno —aunque hace mucho más de lo que los humanos, aun contando en años-luz, podrían medir—, ni un solo centímetro cuadrado de espacio infernal y ni un instante de tiempo infernal hayan sido entregados a cualquiera de esas dos abominables fuerzas, sino que han estado completamente ocupados por el ruido: el ruido, el gran dinamismo, la expresión audible de todo lo que es exultante, implacable y viril; el ruido que, solo, nos defiende de dudas tontas, de escrúpulos desesperantes y de deseos imposibles. Haremos del universo eterno un ruido, al final. Ya hemos hecho grandes progresos en este sentido en lo que respecta a la Tierra. Las melodías y los silencios del cielo serán acallados a gritos, al final. Pero reconozco que aún no somos lo bastante estridentes, ni de lejos. Pero estamos investigando».

19. Richard Foster, *Celebración de la disciplina*, p. 96 del original en inglés.

20. La principal excepción a esto es lo que San Juan de la Cruz y otros denominan «la noche oscura del alma», que es cuando practicamos todas las disciplinas espirituales pero por un tiempo no sentimos la presencia de Dios. Si te encuentras en esa clase de noche oscura, entonces lee el libro de San Juan *La noche oscura del alma*. O, si no, te recomiendo *The Dark Night of the Soul: A Psychiatrist Explores the Connetion Between Darkness and Spiritual Growth* [*La noche oscura del alma: un psiquiatra explora la conexión entre la oscuridad y el crecimiento espiritual*] (Nueva York: HarperCollins, 2004), el libro de Gerald May basado en el de San Juan, que me ayudó en mi propia noche oscura.

21. Henri Nouwen, *Making All Things New: An Invitation to the Spiritual Life* [*Haciendo todas las cosas nuevas: una invitación a la vida espiritual*] (Nueva York: HarperCollins, 1981, pp. 61, 71). Su honesto libro sobre el silencio y la solitud, su promesa y la dificultad, es espectacular.

22. Henri Nouwen, *Dirección espiritual: sabiduría para la larga andadura de la fe* (Malaño, Cantabria: Sal Terrae, 2007, p. 5) del original en inglés.

23. Marcos 6:31.

24. Juan 8:31, RVR1960.

25. Una hermosa frase de la obra de arte de Thomas R. Kelly, *A Testament Devotion* [*La devoción a un testamento*] (Nueva York: HarperCollins, 1992, p. 100).

26. Andrew Sullivan, *I Used to Be a Human Being* [*Yo solía ser un ser humano*].

Sabbat

1. Eclesiastés 1:8, RVR1960.

2. Ese sería nuestro amigo Mick Jagger cantando con los Rolling Stones *I Can't Get No Satisfaction*, 1965.

3. Karl Rahner, *Servants of the Lord* [*Siervos del Señor*] (Nueva York: Herder and Herder, 1968, p. 152).

4. San Agustín de Hipona, *Confesiones* (Barcelona: Librería Religiosa, 1942, p. 43).

5. Dallas Willard, *Nada me faltará: vive en la plenitud del salmo 23* (El Paso, Texas: Editorial Mundo Hispano, 2018, s. p.). Este es el último libro (publicado luego de su muerte) de una serie de discursos que dio en su iglesia. Es mucho más sencillo de leer que sus otros libros. Yo lo leí tres veces el año pasado. Es así de bueno.

6. Wayne Muller, *Sabbath: Restoring the Sacred Rhythm of Rest* [*Sabbat*: restaurando el ritmo sagrado del descanso] (Nueva York: Bantam, 1999, p. 10).

7. Hebreos 4:11.

8. Walter Brueggemann, *Sabbath as Resistance: Saying No to the Culture of Now* [*El Sabat como resistencia: decirle no a la cultura del ahora*] (Louisville, KY: Westminster John Knox Press, 2014, p. 107).

9. Marcos 2:27.

10. A menos que hayas crecido siendo un Adventista del Séptimo Día, o en una de las pocas denominaciones occidentales que le otorga mucho valor al *sabbat*.

11. A. J. Swoboda, *Subversive Sabbath: The Surprising Power of Rest In a Nonstop World* [*Sabat subversivo: el sorpredente poder del descanso en un mundo que no para*] (Grand Rapids, MI: Brazos, 2018, p. 5). Este es mi libro favorito de A. J. y uno de mis preferidos sobre el *sabbat*.

12. Para todos los que se ponen locos con los «seis días», aquí hay dos libros que recomiendo: John H. Walton, *El mundo perdido de Génesis uno: cosmología antigua y el debate de los orígenes* (Salem, Oregon: Publicaciones Kerigma, 2019) y John H. Sallhamer, *Genesis Unbound: A Provocative New Look at the Creation Account* [*Génesis desencuadernado: una mirada provocativa al relato de la creación*] (Colorado Springs: Dawson Media, 1996). Son mis dos favoritos respecto de este debate.

13. Génesis 2:2-3.

14. A. J. Swoboda, *Subversive Sabbath,* p. 11.

15. Bob Sullivan, *Memo to Work Martyrs: Long Hours Make You Less Productive* [Nota a los mártires del trabajo: las largas horas te hacen menos productivo], CNBC, 26 de enero de 2015, www.cncb.com/2015/01/26/working-more-thn-50-hours-makes-you-less-productive.html.

16. Dan Allender, *Sabbath* (Nashville: Thomas Nelson, 2009, pp. 4-5).

17. Génesis 1:22.

18. Génesis 1:28.

19. Ryan Buxton *What Seventh-Day Adventists Get Right That Lenghtens Their Life Expectancy* [Lo que los Adventistas del Séptimo Día hacen bien que alarga su expectativa de vida], *HuffPost*, 31 de julio de 2014, www.huffinggtonpost.com/2014/07/31/seventh-day-adventists-life-expectancy_n_5638098.html.

20. Otro chisme gracioso: una leyenda cuenta que los pioneros que guardaban el día de reposo en la ruta de Oregon llegaron allí antes de los que no lo guardaban.

21. Éxodo 19:6.

22. Éxodo 20:8.

23. Éxodo 20:9-10.

24. Eugene H. Peterson, *The Pastor: A Memoir* [*El pastor: una autobiografía*] (Nueva York: HarperOne, 2011, p. 120). Es mi favorito de todos sus libros.

25. Éxodo 20:11. En verdad me salté la parte del medio. El mandamiento textual es aún más largo.

26. Esto está tomado de Deuteronomio 5:12-14. La mayor parte de este material fue inspirado en Walter Brueggemann, *Sabbath as Resistance*, que es absolutamente fenomenal.

27. Deuteronomio 5:15.

28. Éxodo 1:11.

29. Alexander Harris, *U.S. Self-Storage Industry Statistics* [Estadísticas de la industria del almacenamiento personal en EE. UU.], 19 de diciembre de 2018, https://sparefoot.com/self-storage/news/1432-self-storage-industry-statistics. Estos datos son de 2018 y está proyectado un aumento.

30. Jon McCallem, *The Self-Storage Self* [El ser acumulador], *New York Times Magazine*, 2 de septiembre de 2009, https://nytimes.com/2009/09/06/magazine/06self-storage-t.html.

31. Esta es una cifra levantada al azar, pero es ampliamente debatida porque es difícil de comprobar. Este estudio legítimo expresa que son mucho más que cuarenta millones: *Global Estimates of Modern Slavery* [Cálculos globales de la esclavitud moderna], International Labour Organization and Walk Free Foundation, 2017, 5, www.ilo.org/wcmsp5/groups/public/@dgreports(@dcomm/documents/publication/wcms_575479.pdf.

32. *Global Wealth Pyramid: Decreased Base* [La pirámide de la riqueza mundial: su base ha disminuido], Credit Suisse Research Institute, 1 de diciembre de 2018, www.credit-suisse.com/corporate/en/articles/news-andexpertise/global-wealth-pyramid-decreased-base-201801.html.

33. Brueggemann, *Sabbath as Resistance*, p. 101. Un título súper divertido de leer.

34. Salmos 23:1.

35. Ronald Rolheiser, *Forgotten Among the Lilies: Learning to Love Beyond Our Fears* [Olvidado entre los lirios: aprender a amar por encima de nuestros temores] (Nueva York: Doubleday, 2004, p. 16).

36. Una confesión: yo lo falseé un poco. El descanso es un tema principal en los escritos de Rolheiser. Esta segunda cita es de uno de sus libros que es mi preferido, *The Shattered Lantern: Rediscovering a Felt Presence of God* [El farol roto: redescubrir la presencia sentida de Dios] (Nueva York: Crossroads, 2005, s. p.).

37. Brueggemann, *Sabbath as Resistance*, p. 107.

Sencillez

1. Lucas 12:15.

2. Sobre la misma enseñanza, Lucas 12:33.

3. Mateo 6:25, 33.

4. Marcos 4:19.

5. Mateo 19:24, RVR1960.

6. 1 Timoteo 6:19.

7. Él emplea esta frase de manera regular, pero su obra más famosa es *Simulacra and Simulation: The Body, in Theory: Histories of Cultural Materialism* [Simulacros y simulaciones: el cuerpo, en teoría: historias de materialismo cultural] (Ann Arbor, MI: University of Michigan Press, 1994, s. p.).

8. Mateo 6:24. Sí, me tomo una pequeña libertad aquí. La versión NVI lo traduce correctamente como «riquezas», pero en versiones más antiguas [como por ejemplo la Reina Valera Antigua] aparece como Mammón.

9. Citado por Jeremy Lent en *The Patterning Instinct: A Cultural History of Humanity's Search for Meaning* [El instinto estructurado: una historia cultural de la búsqueda de sentido de la humanidad] (Nueva York: Prometeus Books, 2017, p. 380). (Nota: este es el inicio de la idea, ahora común, en los negocios de la obsolescencia planificada, también conocida como la razón por la que quieres un nuevo iPhone *cada* otoño).

10. Wayne Muller, *Sabbath*, p. 130. Yo obtuve esta cita y la de Cowdrick de *The Century of the Self* [El siglo del yo], un documental del 2002 de la BBC, realizado por Adam Curtis.

Puedes verlo en YouTube: https:// youtube.com/watch?time_ continue=9&v=eJ3RzGoQC4s.

11. Margot Alder, *Behind the Ever-Expanding American Dream House* [Más allá de la casa del sueño americano que siempre se expande], NPR, 4 de julio de 2006, www.npr.og/templates/story/story. php?storyId=5525283.

12. El presidente George W. Bush el 11 de octubre de 2001, *Bush Shopping Quote* [La cita de Bush sobre ir de compras], C-SPAN videoclip, www.c-span.org/ video/?c4552776/bush-shopping-quote.

13. Estas publicidades son el resultado de una búsqueda simple en Google de «publicidades en el 1800».

14. Para un resumen de esta historia, lee Edward Bernays, *Propaganda* (Barcelona: Melusina, 2010, s. p.) o mira el documental de la BBC, *The Century of Self.*

15. Bernays, *Propaganda*, p. 1.

16. El número que ha trascendido es cuatro mil, pero no se sabe a ciencia cierta, porque una gran cantidad de ello depende de cuánta TV tú mires y cuánto tiempo pases con tu teléfono. Este es un buen resumen de la investigación: Bryce Sanders, *De We Really See 4,000 Ads a Day?* [¿De verdad vemos 4.000 anuncios al día?], The Business Journals, 1 de septiembre de 2017, www.bizjournals.com/ how-to/marketing/2017/09/do-we-really-see-4-000-ads-a-day. html. Cualquiera sea la cifra, es verdaderamente alta.

17. Mark Twain, *More Maxims of Mark* [Más máximas de Mark] (Impresión privada, 1927, s. p.).

18. Gregg Easterbrook, *The Progress Paradox: How Life Gets Better While People Feel Worse* [La paradoja del progreso: cómo el nivel de vida aumenta mientras la gente se siente peor] (Nueva York: Random House, 2003, p. 163).

19. 1 Timoteo 6:8.

20. Jennifer Robinson, *Happiness Is Love – And $75,000* [La felicidad está en el amor (y en $75.000)], Gallup, 17 de noviembre de 2011, http://news.gallup. com/businessjournal/150671/ happiness-is-love-and-75k.aspx.

21. Richard J. Foster, *Freedom of Simplicity: Finding Harmony in a Complex World* [La libertad de la sencillez: encuentra armonía en un mundo complejo] (Nueva York: HarperOne, 2005, p. 215).

22. John de Graaf, David Wann y Thomas Naylor, *Affluenza: How Overconsumption Is Killing Us -and How to Fight Back* [Abundancia:

cómo el hiperconsumo nos está matando —y cómo defendernos de ello] (San Francisco: Berrett-Koehler, 2014, s. p.). Hasta donde sé, la palabra «affluenza» [una combinación de las palabras inglesas *influenza* (gripe) y *affluence* (abundancia, riqueza)] se usó por primera vez en 1954 y desde allí se popularizó en un documental de la PBS de 1997 con el mismo nombre. Puedes encontrar más información sobre el programa de PBS en https://pbs.org/kcts/affluenza.

23. Salmos 39:6.

24. Alan Fadling, *Un Unhurried Life*, p. 48. Me encontré con este libro una vez que había finalizado de escribir este manuscrito, y me eché a reír. Es básicamente igual que mi libro, solo que más inteligente y mejor. Si mi libro te moviliza algo en tu interior, te recomiendo que después leas el libro de Fadling.

25. Otra vez, Thomas R. Kelly en *A Testament Devotion* [*La devoción a un testamento*] (Nueva York: HarperCollins, 1992, p. VIII)

26. Una lectura fascinante sobre la desaparición de la moral y el conocimiento espiritual de nuestra cultura es *Knowing Christ Today: Why We Can Trust Spiritual Knowledge* [Conocer a Cristo hoy: por qué podemos confiar en el conocimiento espiritual] (Nueva York: HarperOne, 2009), de Dallas Willard. Trata sobre la moralidad y espiritualidad que han sido desplazadas del campo de la opinión y el sentimiento de nuestra cultura, y sobre qué tan desesperadamente falsa es esa visión secular de la realidad.

27. Hechos 20:35.

28. Mateo 6:24.

29. Lucas 12:15.

30. Chuck Palahniuk, *Fight Club* [*El club de la pelea*] (Nueva York: Norton, 1996). Sí, yo sé que este libro es algo vulgar y grosero, pero fue escrito por un nativo de Portland y es uno de los mejores libros que he leído. Así que, de alguna manera, lo justifico. Y no, no he visto la película aún.

31. Mateo 6:19-21.

32. Mateo 6:22-23.

33. Mateo 6:24.

34. Richard Rohr, *Adam's Return: The Five Promises of Male Initiation* [*El regreso de Adán: las cinco promesas de la iniciación masculina*] (Nueva York: Crossroads, 2016).

35. Mateo 6:25.

36. Bueno, no estoy en contra de la organización. Leí el libro de Marie Kondo, *La magia del orden: herramientas para ordenar tu* casa... ¡y tu vida! (Miami, Florida: Aguilar: Penguin Random House Grupo Editorial, 2019) y millones de similares estadounidenses llenos de chucherías en sus placares, y me encantan. Aunque hay algunas insinuaciones minimalistas en él, no es realmente un libro sobre minimalismo sino sobre organización.

37. Joshua Becker, *Clutterfree with Kids: Change Your Thinking, Discover New Habits, Free Your Home* [Organízate con los niños: cambia tu manera de pensar, descubre hábitos nuevos y libera tu hogar] (2014), p. 31.

38. Foster, *Freedom of Simplicity*, p. 8.

39. Mark Scandrette, *Free: Spending Your Time and Money on What Matters Most* [Libre: Gasta tu tiempo y dinero en lo que más importa] (Downers Grove, IL: InterVarsity Press, 2013, p. 37).

40. Henry David Thoreau, *Walden o la vida en los bosques*, pp. 51-52 del original en inglés.

41. C. F. Kelley, *The Spiritual Maxims of St. Francis de Sales* [Las máximas espirituales de San Francisco de Sales] (Harlow, UK: Longmans, Green, 1954, s. p.).

42. Los minimalistas otra vez. Joshua Fields Millburn y Ryan Nicodemus, *Essential: Essays by the Minimalists* [Esenciales: ensayos de los minimalistas] (Missoula, MT: Asymmetrical, 2015, s. p.).

43. Marie Kondo, *La felicidad después del orden: una clase maestra ilustrada sobre el arte de ordenar* (Barcelona: Aguilar, 2018, s. p.).

44. Joshua Becker, *The More of Less: Finding Life You Want Under Everything You Own* [Menos es más: encuentra la vida que deseas debajo de todo lo que ya posees] (Colorado Springs, CO: Water-Brook, 2016, p. 87).

45. Annalyn Censky, *Americans Make Up Half of the World's Richest 1%* [Los estadounidenses forman parte de la mitad del 1 % de los más ricos del mundo], CNN MONEY, 4 de enero de 2012, http://money.cnn.com/2012/01/04/news/ecnocmy/world_richest/index.htm.

46. 1 Timoteo 6:17-19. Lo considero digno de ser memorizado, o al menos recomiendo pegarlo en algún lugar donde lo veas a diario.

47. Lucas 8:1-3.

48. Mateo 11:19.

49. Juan 19:23.

50. Richard J. Foster, *Freedom of Simplicity*, p. 58.

51. Ver, por ejemplo, Mateo 5-7, donde en todo el Sermón del Monte, Jesús finaliza cada enseñanza con una práctica: deja tu ofrenda en el altar y reconcíliate con tu hermano (5:24), haz la milla extra con el soldado romano (vs. 41), lávate la cara, úngete con aceite mientras estás ayunando (6:17), etc.

52. Robynne Boyd, *One Footprint at a Time* [Una huella a la vez], Scientific American (blog), 14 de julio de 2011, https://blogs.scientificamerican.com/plugged-in/httpblogsscientificamericancom plugged-in20110714one-footprint-at-a-time.

53. Si quieres saber más sobre estas estadísticas y ver un documental fantástico mira *The True Cost* [El costo verdadero], Life Is My Movie Entertainment, 2015, https://truecostmovie.com. Nosotros lo proyectamos en nuestra iglesia. Es un área de justicia social donde todavía no hay mucha conciencia y se necesita trabajar mucho en eso.

54. William Morris, *William Morris on Art and Socialism* [William Morris sobre arte y socialismo] (North Chelmsford, MA: Courier Corporation, 1999, p. 53).

55. Pertenece a Tertuliano. Y también: «Ustedes los romanos no tienen nada en común excepto sus esposas». ¡Cataplúm!

56. El mejor que conozco que es explícitamente cristiano está en *Free*, de Mark Scandrette. Es un recurso fenomenal para poner las ideas de este capítulo en práctica.

57. Eclesiastés 2:24.

58. ¿Viste lo que hice aquí? Cité tantas veces en este capítulo a Richard Foster que tuve que confundir y llamarlo cuáquero, para que no te des cuenta de que estoy citando al mismo tipo listo una y otra vez. Richard J. Foster, *Celebración de la disciplina*, p. 92.

9. Aun así hay otra cita más de Richard Foster en *Freedom of Simplicity*, p. 72. ¡Léelo!

60. Esta magnífica idea de Dallas Willard, *La gran omisión: recuperando las enseñanzas esenciales de Jesús en el discipulado* (Nashville, TN: HarperCollins Español, 2015, s. p.) es una buena introducción a las ideas de Willard, especialmente si no lees mucho. Es su libro más corto.

61. Filipenses 4:13.

62. Filipenses 4:12.

63. Arthur M. Schlesinger, *Los ciclos económicos de la historia americana* (Buenos Aires: Rei, 1993), p. 27 del original en inglés.

64. Esta expresión se usa en todo Eclesiastés, comenzando desde el 1:14.

Serenar el paso

1. A modo de clarificar, hay un sentido en el cual la espontaneidad y la flexibilidad son sanas y prácticas en el sendero espiritual, especialmente cuando nos hacemos mayores. Introduciendo un libro sobre la espiritualidad activa y pasiva, la segunda mitad de la vida, el envejecimiento, y la definición de madurez de Henri Nouwen como «ser llevado adonde no quisieras ir». Henri Nouwen, *In the Name of Jesus: Reflections on Christian Leadership* [En el nombre de Jesús: reflexiones acerca del liderazgo] (Nueva York: Crossroads, 1989, s. p.). Algún día…

2. Jane McGonigal, *Super-Better: The Power of Living Gamefully* [Súper-mejor: el poder de vivir jugando] (Nueva York: Penguin, 2016).

3. David Zach, citado por Richard A. Swenson, *Margen: restauración de las reservas emocionales, físicas, financieras, y de tiempo en vidas sobrecargadas* (Ellensburg, WA: Proyecto Nehemías, 2017), p. 112 del original en inglés.

4. Comencemos un movimiento, ¿te parece? No es necesario usar *hashtags.* Solo escribe «estoy practicando la disciplina espiritual de ir más despacio» en tu próximo chat trivial.

5. John Ortberg, *La vida que siempre has querido*, p. 83 del original en inglés.

6. Cuando Jesús enseña sobre las disciplinas espirituales en Mateo 6, menciona a tres por nombre: oración, ayuno y limosnas, lo que la mayoría de los rabinos del primer siglo enseñaban como las tres disciplinas fundamentales.

7. Salmos 34:8.

8. Está fechado en 2014, pero aún vale la pena leerlo. Jane Knapp, *My Year with a Distraction-Free iPhone (and How to Start Your Own Experiment)* [Mi año con un iPhone libre de distracciones (y cómo puedes comenzar tu propio experimento)], Time Dorks, 30 de agosto de 2014, https://medium.com/time-dorks/my-year-with-a-distraction-free-iphone-and-how-to-start-your-own-experiment-6ff74a0e7a50.

9. Meena Hart Duerson, *We're Addicted to Our Phones: 84% Worlwide Say They Couldn't Go a Single Day Without Their Mobile Device in Their Hand* [Somos adictos a nuestros teléfonos: el 84 % de las personas en el mundo dicen que no pueden pasar un solo día sin sus dispositivos móviles en su mano], New York Daily News, 16 de agosto de 2012, www.nydailynews.com/life-style/ addicted-phones-84-worldwide-couldn-single-day-mobile-device-hand-article-1.1137811; y Mary Gorges, *90 Percent of Young People Wake Up with Their Smartphones* [El 90 % de los jóvenes se despiertan con tus teléfonos inteligentes], Ragan, 21 de diciembre de 2012, www.ragan.com/90-percent-of-young-people-wake-up-with-their-smartphones.

10. John Koblin, *How Much Do We Love TV? Let Us Count the Ways* [¿Cuánto amamos la televisión? Contemos las maneras], New York Times, 30 de junio de 2016, www.nytimes.com/2016/07/01/business/media/nielsen-survey-media-viewing.html.

11. John Koblin, *How Much Do We Love TV?*

12. Rina Raphael, *Netflix CEO Reed Hastings: Sleep Is Our Competition: For Nteflix, the Battle for Domination Goes Far Beyond Which TV Remote to Pick Up* [El gerente de Netflix, Reed Hastings: el sueño es nuestra competencia. Para Netflix, la batalla por la dominación va más allá de escoger con el control remoto], Fast Company, 6 de noviembre de 2017, www.fastcompany.com/40491939/netflix-ceo-reed-hastings-sleep-is-or-competition.

13. Byung-Chul Han, *La sociedad del cansancio*, pp. 12-13 del original en inglés.

14. Walter Brueggemann, *Sabbath as Resistance*, p. 67.

15. Ese sería Sócrates.

16. John Mark Comer, *Silence & Solitude: Part 1, The Basics* [Silencio y solitud. Parte 1: Los básicos], https://practicingtheway.org/silence-solitude-/week-one.

17. Timothy Keller, *La Oración: experimentando asombro e intimidad con Dios* (B&H, 2017), p. 147 del original en inglés.

18. Marilyn Gardner, *The Ascent of Hours on the Job* [El aumento de horas en el trabajo], Christian Science Monitos, 2 de mayo de 2005, www.csmonitor.com/2005/0502/p14s01-wmgn.html.

19. Sima Shakeri, *8 Days Is the Perfect Vacation Lenght, Study Says* [Ocho días es la longitud perfecta de las vacaciones, asegura un estudio], Huffpost, 7 de septiembre de 2017, www.huffingtonpost.com/2017/09/15/8-

days-is-the-perfect-vacation-lenght-study-says_a_23211082.

Epílogo
Una vida tranquila

1. AA popularizó esta frase pero pertenece a «La oración de la serenidad», de Reinhold Niebuhr. *5 Timeless Truths from the Serenity Prayer That Offers Wisdom in the Modern Age* [Cinco verdades eternas de la Oración de la serenidad que nos brindan sabiduría en la era moderna], *Huffpost*, 6 de diciembre de 2017, https://huffingtonpost.com/2014/03/18/serenity-prayer-wisdom_n_4965139.html.

2. Hermano Lawrence, *La práctica de la presencia de Dios* (New Kensington, PA: Whitaker House, 1997, s. p.).

3. De mi lectura favorita de todos los tiempos, Frank Laubach, *Letters by a Modern Mystic* [Cartas de un místico moderno] (Colorado Springs: Purposeful Design Publications, 2007, p. 15).

4. C. S. Lewis, *Clásicos selectos de C. S. Lewis* (Grupo Nelson, 2021), p. 155 del original en inglés.

5. William Stafford, *You Reading This, Be Ready* [Tú que estás leyendo esto, prepárate], *Ask Me:* *100 Essential Poems* [Pregúntame: cien poemas esenciales] (Minneapolis, MN: Graywolf Press, 2014).

6. Reinhold Niebuhr, *5 Timeless Truths from the Serenity Prayer That Offers Wisdom in the Modern Age* [Cinco verdades eternas de la Oración de la serenidad que nos brindan sabiduría en la era moderna], Huffpost, 6 de diciembre de 2017, https://huffingtonpost.com/2014/03/18/serenity-prayer-wisdom_n_4965139.html.

7. Mira las Bienaventuranzas en Mateo 5:3-12: «Dichosos los...», no «Dichosos serán cuando...».

8. Salmos 23:6.

9. Edward H. Friedman, *A Failure of Nerve: Leadership in the Age of the Quick Fix* [Un fracaso del valor: el liderazgo en la era de los parches] (Nueva York: Church Publishing, 2017, p. 247). Esto se menciona varias veces a lo largo del libro de Friedman.

10. 1 Tesalonicenses 4:11, NTV.

11. Centro Espiritual Jesuita en Milford, https://jesuitspiritualcenter.com/

12. 2 Timoteo 4:6-7.

13. John Ortberg, *Guarda tu alma*, p. 126 del original en inglés.

14. 2 Timoteo 3:13.